U0165532

台灣人的國籍初體驗

日治台灣與中國跨界人的流動及其法律生活

王泰升／阿部由理香／吳俊瑩 著

作者簡介

王泰升

西雅圖華盛頓大學法學博士，現任國立臺灣大學法律學院臺大講座教授、中央研究院臺灣史研究所暨法律學研究所合聘研究員，政大歷史系及臺史所、臺北大學法律系、臺師大臺史所等校兼任教授。曾獲教育部學術獎、國科會傑出研究獎三次、華大法學院校友終身成就獎等。著有：《台灣法律史的建立》、《台灣日治時期的法律改革》（含英文版及日文版）、《台灣法律史概論》、《台灣法的斷裂與連續》、《台灣法的世紀變革》、《具有歷史思維的法學：結合台灣法律社會史與法律論證》、《台湾法における日本的要素》、《臺灣法律現代化歷程：從「內地延長」到「自主繼受」》等。

阿部由理香

國立臺灣大學法律學院博士生，現任銘傳大學應用日語學系兼任講師。著有〈戰後初期在日台灣人的法律地位一九四五—一九四七以GHQ對在日台灣人政策為中心〉。譯有国立台湾歴史博物館《この土地　この民　台湾の物語》、王泰升著〈日本の植民地統治と台湾人の政治的抵抗文化〉、〈台湾における「法の暴力」の歴史的評価〉、〈台湾総督府法院文書目録の編纂〉等；另有共同譯著：王泰升著《台湾法における日本的要素》、山中永之佑等著《新日本近代法論》。合作進行之口述歷史有《魏景宏オーラルヒストリー》等。

吳俊瑩

國立臺灣大學歷史學系博士候選人，現任國史館助修。著有《臺灣代書的歷史考察》、〈如何稱呼臺灣史上的「日本時代」？兼論戰後日式紀年與意象的清除與整理〉、〈由「員林事件」看戰後初期臺灣法治的崩壞〉、〈「痛癢無關」？——清國革命與台灣（一九一一—一九一二）〉、〈莫那魯道遺骸歸葬霧社始末〉、〈政府資訊公開法制的誕生與臺灣史研究脈動（二〇〇〇—二〇〇八）〉、〈日治時期臺灣人與近代法律的交會——以張麗俊《水竹居主人日記爲例》〉等。

序

本論著源自在神奈川大學任教的孫安石教授，於大約十年前曾指引本書作者之一的我，至日本外務省外交史料館閱讀有關台灣籍民的領事裁判檔案。自二〇〇七年八月起，我即以該館所藏文書爲主要史料，進行國科會三年期的研究計畫（NSC96-2414-H-002-003-MY3），且三度前往東京的日本外務省外交史料館，針對本書主題閱覽、筆記，及申請複製所需檔案。其間另在當時是臺大法律學院博士生的小金丸貴志協助下，閱覽防衛省防衛研究所圖書館的相關檔案。就在形成基本論述架構後，由臺大法律學院博士生阿部由理香將我從東京帶回來的檔案，以及在台灣蒐集的《臺灣總督府公文類纂》與《日治法院檔案》內相關文書詳加解讀，並由臺大法律學院博士生林政佑、碩士生林至曜整理中國方面的相關檔案及華文學界既有論著，我則據以將龐雜的史實脈絡化。於研究過程中，每當發現問題點時，都有賴阿部由理香再次蒐集資料、深入研析。

終於在歷時五年多後完成論文，再經審查，於二〇一三年九月刊載於中研院臺史所的《臺灣史研究》。

在期刊上的論文僅有文字敘述，所用字數雖相當多，猶難以鮮明地呈現日本統治下台灣人與國籍相關的法律經驗。身爲研究者，在接觸原始史料時頗能感受時代脈動，卻不易用文字表達得淋漓盡致。心想若能將這些史料或影像透過圖片的方式呈現，必有助讀者進入該特定的時空、了解時人的所思及所爲。況且還有一些史料可補強該論文的論據，或可在文字上做更精準的論述。於是決定在插入圖說及增修內容後，出版成專書。我先就全書設想能夠引導讀者更加了解論述內容的檔案、文書或影像等，再由熟悉台灣法律史相關史料的臺大歷史系博士生吳俊瑩，和參與前階段論文寫作的阿部由理香，具體的找出所需圖片及附上解說（必要時在圖片上以特殊符號「＊」提示重點位置）。本書所展現的將不只是台灣法律史的研究成果，還包括研究時所參考的一部分史料的內容。

作爲當代的台灣人，在歷史研究的議題設定上，自然會受到現今社會環境的影響。

可以說就是爲了理解今日台灣社會對國籍的態度，方起意進行這項追本溯源的工作。不過本書的研究目的乃是：發現日治時期的經驗事實，例如當時一般台灣人雖能認同台灣政治共同體，但台灣僅僅是殖民地而非國家，故無從將台灣當成「國籍」指涉的對象。誠然從這些歷史事實，可更深層地省思當今與國籍相關的法律議題。例如，相對於今日台灣政府之無力保護前往中國之具有「中華民國」國籍的台灣人民，日治時期的台灣政府本於領事警察及領事裁判制度，對於在中國之具有日本國籍的台灣人未免有點保護過度。在「今不如昔」、「過猶不及」的綜合考量下，於今應如何尋求大體上可謂「同種族不同國家」（均以漢族爲主）的台灣與中國之間的平等相待，殊值得深思。又，戰前由日本所扶植的滿洲國，作爲一個「不正常國家」，在法制上使用「民籍」而非「國籍」，以規避隨著國籍而來的應對哪一個國家忠誠的問題，例如在滿任官的日本人應對滿洲國，還是對日本國盡忠誠義務？這跟台灣現行法制之以「戶籍」，取代中華民國與中華人民共和國之間的「國籍」之別，同樣是「不正常國家」在政治上的自欺欺人之舉。當今的台灣法律，似乎亦擬以源自歷史的「同屬漢文化即同類」的傳統觀念，模糊掉現代法上主權國家觀念，進而規避其衍生的國籍與國家忠誠問題。然而，這些省思並非本書所欲申論者，蓋其須另從戰後台灣的國籍制度及其在社會上的演變談起，且有必要回溯國民黨政權在民國時代中國的國籍經驗，方能更深入的探究。那應該是由另一篇論文，或另一本書來處理的議題吧。

附帶說明的是，在研讀日本外務省外交史料館乃至防衛省防衛研究所圖書館的相關檔案時，曾發現很多有趣或具有重要意義的史實，但因與論述主題沒那麼緊密的關係，最終還是未納入本書。例如日本領事對於涉案台灣籍民的裁判結果，雖是最早掌握的，但最後並沒有放入文章中。因此，未來我們或其他研究者都可能再運用這些史料，撰寫其他的論文，此時本書就可成爲不錯的「踏腳石」。又，基於「過去決定了現在，但不能決定未來，因現在可以做改變」的想法，我個人偏好在文章中使用字體較清晰的「台」，而非倘若字體較小即糾葛在一起的「臺」，蓋語文本身當然可與時俱進，但在政府機關或法令名稱、書籍及論文名稱、引用原文時仍尊重原有的「臺」字，此某程度亦可顯現其時代性。

王泰升

二〇一四年八月於台北自宅

2008年暑假王泰升為進行國科會研究計畫，至日本防衛省防衛研究所圖書館查閱相關檔案

2006年王泰升擔任早稻田大學訪問學者時，首度至日本外務省外交史料館閱覽涉及台灣籍民之領事裁判檔案

CONTENTS 目錄

圖表次

主體的「人」

圖3-5：一八九五年九月二十一日人在泉州的許經烟，寫信給在鹿港的母親黃井的家書中，提到他在唐山風聞「日本得聖〔勝〕者，將台之男人尽迁去日本，又聞女人对換」的流言

圖3-6：任職總督府外事課的陳洛對台民去留的民情觀察：貴族與士紳留在台灣與前往清國者各半

圖3-7：一八九八年十月總督府指示：對一八九七年五月八日前離開的臺灣住民，如有意成爲帝國臣民，經調查後，可以戶籍編入遺漏爲由，給與國籍

圖3-8：一八九七年四月至六月總督府核發之旅券清冊，台灣人的族籍註記爲「新臣民」

圖3-9：台南人高慈美於一九三六年持「大日本帝國外國旅券」（PASSPORT OF JAPAN），爲修習音樂而前往「中華民國廈門」，其上有高雄出港、基隆入港、以及日本駐中國「廈門領事館」的戳記

圖3-10：日本的殖民地法制區分本島人與內地人，日本駐中國領事於是也以「台灣籍民」與「本邦內地人」進行區分，並無一律稱爲「日本籍民」

圖3-11：在廈門領事館登錄爲「台灣籍民」者，眞正的「台灣住民」很少，很多是中國在

圖4-4：在中國的台灣人犯罪案件由領事移送臺灣總督府臺北地方法院審理（右），並以總督府高等法院爲最終審（左）

圖4-5：《臺灣日日新報》報導日本領事官照會廈門道臺引渡簡大獅

圖4-6：透過新聞報導，在台灣的一般人亦可知悉，台灣人若在中國涉及刑案，將因屬日本臣民而由日本當局處置

圖4-7：臺灣總督府可將警察權延伸至中國，曾派遣警察官吏協同領事館取締不良台灣籍民

圖4-8：《臺灣民報》社論「希望撤廢渡航中國的旅券制度」（一九二四年十月二十一日）

圖4-9：一九二三年馬公港出發的松、柏、榊三艘軍艦及七十名日本陸戰隊至廈門「保護台灣人」

圖4-10：孩時的張秀哲（中）與父母合照

圖4-11：台灣人巡查參與戰爭時期日本對金門、廈門的占領區統治

圖4-12：一九三五年謝介石在回台的廣播詞中，用台灣話自我介紹：「我就是日本帝國駐剳滿洲帝國特命全權大使謝介石。我是新竹人，就是出世在新竹」

表1-1：日治時期居住於中國之台灣人的分佈狀況及其人數（一八九九－一九四四）

表5-1：日治時期居住於台灣之中國人的人數（一九〇五－一九四五）

【第一章】緒言：探究台灣人的第一次國籍經驗

晚近法學界有不少關於國籍的研究，【1】不同國籍者的越界流動在史學界也同樣得到重視。【2】本書旨在進行法律社會史之探究，故主要的關懷並非國籍法相關規範有哪些缺憾因而應如何爲法制定或法適用，而是人民與「國籍」這個概念及制度相關的社會經驗是什麼。爲此，擬探究特定時空下的台灣人民，本於既有的歷史文化觀念，處於怎樣的國籍法及其他國家法律底下，而經由跨越「國界」之人的流動，所引發之「國籍不同即獲致不同法律上地位與待遇」的社會經驗，實質感受到國籍的存在與意義。

國籍的概念與制度係源自西方社會，於十九世紀隨著西力東漸而出現在東亞人民的生活中。清朝中國統治下的台灣漢人雖因此某程度接觸到本國人、外國人的概念，但台灣在清朝中國於一九〇九年制定現代的國籍法之前，即已依條約割讓給日本。值得注意的是，在改由日本擁有台灣主權的一八九五年的條約中，卻明定了國籍選擇條款，且日本於一八九九年所制定的《國籍法》亦同時施行於台灣，正式將西方的國籍制度引進台灣（詳見後述）。本書因此欲探究日本統治台灣之後，對於日治前已自中國移居台灣的漢人以及被彼等同化的平埔族人，亦即台灣殖民地政治共同體內已逐漸形成的「台灣人」、日本的國家法上所稱的「本島人」而言，從其與同為漢人但住在中國者的往來或接觸經驗中，能夠感受或理解到國籍具有怎樣的意義和內涵？【3】此堪稱是台灣人的第一次國籍經驗。

為配合文中關於現代型國家及其國籍之討論，在此所稱的「中國」，乃是日治時期大多數台灣人對於存在於台海對岸的政治共同體/國家所持的稱呼（參見如後所引述的原文），其正式國名分別為「大清帝國」、「清國」（日本法律上的稱呼）、「中華民國」，以及現今建立於一九四九年的「中華人民共和國」，此亦為當今國際社會一般人對於「中國」一詞的認知。惟台灣現行之以「中華民國」為國家名稱的法律體制，係將當今的中國稱為「大陸地區」。同時，在此係將「台灣」一詞作為一個政治共同體的名稱，這也是本書擬討論之日本帝國獲得台灣本島與澎湖群島的主權，並以之作為政治上所稱的「殖民地」（colony，但法律上稱「新附領土」或「外地」），來加以統治之後所形成的。不過，於今台灣此一政治共同體／事實上國家的地域，還包含日治時期所無的金門和馬祖，合先說明。

若從國籍觀念的內涵來看，國籍在國內經常是作爲行使公民權的依據。惟「公民」的概念原不存在於漢族傳統觀念裡，【4】且日治前期殖民統治當局實際上並未給予在台灣的漢人公民權，於後期也僅僅容許有限的自由權及讓少數人享有參政權，【5】故這層意涵的國籍，可能對於日治時期台灣人的實質意義有限。然而，國籍同時是國民身分的表徵，因國籍的不同而有「本國人」與「外國人」之別，且在所謂的「涉外」事件中，內、外國人之法律上地位或待遇可能不相同，這些差異是否回過頭來促成了人們認識到來自西方的國籍觀念呢？

詳言之，於一八九五年日本帝國領有台灣之後，現代型國家的國籍觀念和制度已在台灣海峽劃定一條看不見、但實際上存在的國界線。日治下在台灣的漢人一旦前往台海對岸的中國（大清帝國、中華民國），即被視爲踏出國境，並可能感受到因具有日本國籍，而與種族文化上相同之中國當地漢人存在相異的法律上地位與待遇。同時，在清朝或嗣後中華民國統治下之漢人前來台灣，也被視爲跨越國境，以致其在台灣的法律上地位與待遇，亦可能有別於具有日本國籍的台灣在地漢人。於是，可能同一家族的成員卻

圖1-1：1895年因國際條約而使台灣海峽出現一條分隔兩岸的國界線，在本圖「凡例」中已註明該線係「國界」。
來 源：「支那時局大地圖（1937）」局部，國立臺灣歷史博物館提供。

分屬不同國家，兩邊人們的往來在法律上成爲國際間的交流，而須適用各個國家爲保護在外國的國民或管制在國內的外國人而制定的各種法律規範。在此情形下，所屬的國籍已不僅僅是法律上抽象概念，而是可能具有實質上利害關係的一種身分。且縱使未踏出國境，也可能在台灣本地，就會遇到同樣講福佬話或客家話的「外國人」，並面對因國籍不同所衍生的法律上問題。

因此，本書的提問是：在日本國統治下一般的台灣人，是否已從作爲像法屬安南、美屬菲律賓、荷屬印尼等同樣的殖民地政治共同體的台灣，與作爲另一個主權國家的中國之間的往來，亦即人的流動，而對源自西方的現代法上國籍，有著怎樣的理解或抱持怎樣的態度？在此擬經由日本和中國所頒行之與國籍和關於外國人處遇相關的法律規定，配合實際的案例以及呈現運作實況的統計資料，探究台灣人在日治時期所形成的集體性國籍經驗。至於一九四五年二次大戰終結後，台灣人民再接觸本於另一個中國國族想像的國籍經驗，包括一九四九年迄今，因「在台灣的中華民國」與中華人民共和國之間的政治對峙，而事實上在台海再度出現一條國界線等等，則已超出本書論述範圍。

日治時期跨越台灣海峽而爲國境間之移動的態樣相當多。按日治下台灣人跨越國境前往中國的各種情形，實隨著包括政治在內的大環境而異，其前往的地點或處於清朝或民國政府控制、或由作爲日本附庸的滿洲國統治、或屬日軍占領地，不一而足。大體上，係以前往中國華南，尤其是福建，占大多數，當中又以廈門居首；例如依一九三五年的統計，前往中國的台灣人，出於語言及交通之便，有將近七成係居住於廈門一帶。[6]台灣人在日治時期前往中國者的總數及其居住地，可整理如下表1-1。

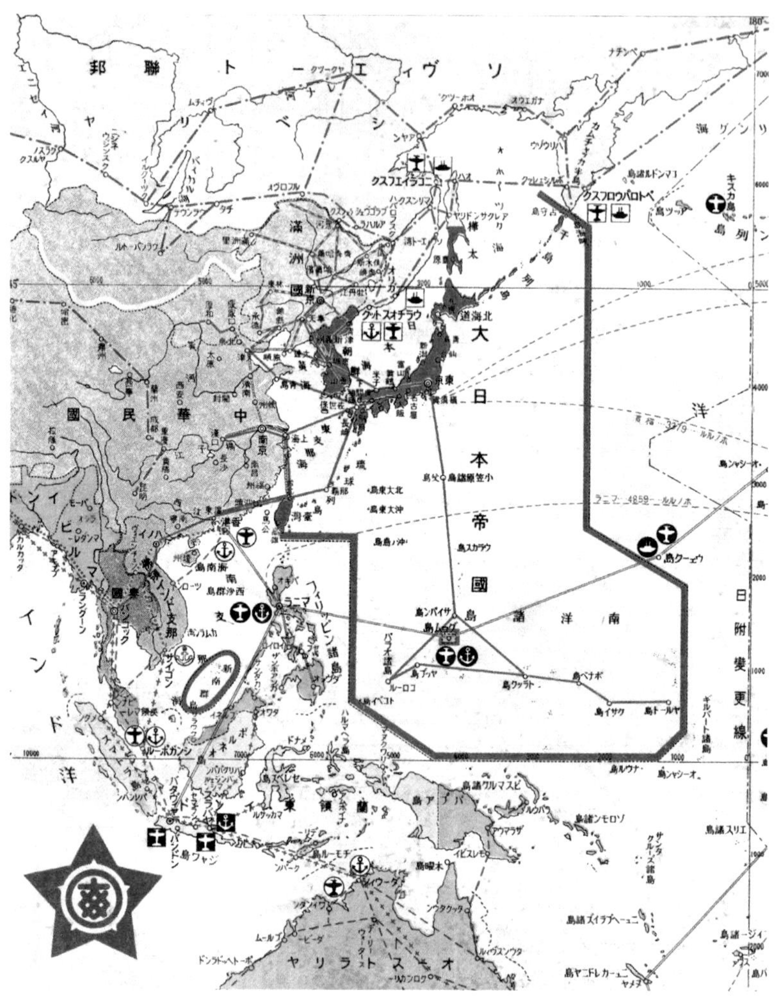

圖1-2：1945年之前的中國由不同政治勢力所控制。

來 源：「護れ太平洋要圖（1941）」局部，溫文卿提供。

表1-1：日治時期居住於中國之台灣人的分佈狀況及其人數（1899-1944）

區域 年度	華南		華中	華北	左列總計	關東州	滿洲（國）
	廈門	全華南					
1899	743	—	—	—	—	—	—
1900	531	—	—	—	—	—	—
1901	576	—	—	—	—	—	—
1902	632	—	—	—	—	—	—
—	—	—	—	—	—	—	—
—	—	—	—	—	—	—	—
1905	1,046	—	—	—	—	—	—
1906	1,285	—	—	—	—	—	—
1907	1,435	—	—	—	—	—	—
—	—	—	—	—	—	—	—
1916	2,654	—	—	—	—	—	—
1917	2,883	—	—	—	—	—	—
1918	3,374	—	—	—	—	—	—
1919	3,516	—	—	—	—	—	—
1920	3,765	—	—	—	—	—	—
1921	4,722	—	—	—	—	—	—
1922	5,226	—	—	—	—	—	—
1923	5,816	—	—	—	—	—	—
1924	6,115	—	—	—	—	—	—
1925	6,753	8,184	556	105	8,845	—	1
1926	6,790	8,290	610	108	9,008	—	0
1927	6,569	7,941	568	115	8,624	—	0
1928	6,698	8,208	564	130	8,902	—	0
1929	7,058	8,728	591	104	9,423	—	38
1930	7,476	9,094	489	73	9,656	—	26
1931	7,957	9,663	486	75	10,224	—	35

區域 年度	華南		華中	華北	左列總計	關東州	滿洲（國）
	廈門	全華南					
1932	8,326	10,104	542	71	10,717	—	59
1933	9,496	11,402	630	89	12,121	—	60
1934	10,625	12,800	669	99	13,568	—	173
1935	10,326	13,154	723	138	14,015	150	322
1936	10,649	13,083	707	164	13,954	141	320
1937.7.1	—	12,805	748	182	13,735	—	343
1937.10.1	—	—	12	83	95	—	371
1938.10.1	—	3,999	665	359	5,023	—	—
1939.10.1	8,188	9,632	3,044	351	13,027	—	—
1940.1.1	7,035	11,983	3,492	647	16,122	—	—
1941.1.1	8,078	14,080	4,884	978	19,942	—	—
1942.1.1	9,002	21,427	4,777	1,324	27,528	—	—
1943.1.1	8,235	19,819	5,851	1,261	26,931	—	—
1944.1.1	8,596	22,415	10,241	1,486	34,142	—	—
1944.7.1	7,975	21,559	7,101	1,464	30,124	—	—

製表：阿部由理香

資料來源及說明：1899年至1924年的數據，引用自外務省編、荻野富士夫解說，《外務省警察史》（東京：不二出版，復刻版，1996-2001），第28卷～第53卷，沒有數字即從缺。1925年至1938年及1940年至1944年，引用自外務省政務局、外務省亞細亞局、外務省東亞局、大東亞省總務局編，《戦前期中国在留日本人統計》（東京：不二出版，復刻版，2004），第3卷～第8卷，按這套書的第1卷和第2卷（1908年至1924年）只有關東州及滿洲的日本人人數統計，第3卷以後（1925年至1943年）才有中國其他地區的日本人人口統計數字。該書的統計係依據各地領事館回報給外務省的數字而爲整理（1942年度10月份以後改由大東亞省統計）。其分別有內地人、朝鮮人、台灣人以及外國人的人數，統計地區涵蓋者全中國（含澳門及香港），也有關東州以及滿洲（國）的人數。1936年度以前，統計時間點爲以當年度12月底的人口爲準。但自1937年至1944年度的部分，無年底的統計數字，且1940年至1944年的部分是有1月、4月、7月、10月1日的統計數字，在此係一致地以1月1日人口爲準，只在1944年度爲呈現最後的統計數字而採7月1日的人數。至於前揭書籍所缺的1939年度資料，另引自外務省外交史料館藏，「中国及並満州国ニ於ケル本邦人及外国人人口統計関係一件」，《外務省記録》（檔號：K.3.7.0.9），惟因僅有部分領事館回報，欠缺統計數字者即從缺。

是以，爲探討當時台灣人集體的國籍經驗，對於其在廈門的活動宜做相對詳細的觀察。目前關於日治時期台灣人在廈門的經貿等事業以及所謂「無賴漢」的事蹟，乃至與國籍相關的議題，已有許多重要的著作。【7】不過，就其法律上處境、尤其是司法上待遇等法律生活經驗，尚有進一步探究的空間。至於前往中國其他地域，例如福州、汕頭、上海等，乃至一九三〇年代以後相對熱門的滿洲國，【8】則將在史料容許的範圍內一併說明，以盡量顯現日治時期台灣人的集體經驗。同時，隨著時代的更迭，在中國的漢人來台人數、以及所從事的工作亦有所差異，【9】進而與台灣在地漢人有或多或少的接觸。本書在論述上雖借重關於日治時期在台灣之「華僑」的既有研究成果，【10】但探究的焦點將置於這些在台中國人對當時台灣人社會中之國籍觀念的影響。至於同一時代在中國方面的國籍法及其相關議題，則僅在前揭寫作目的下有限度地被論及。

惟日治時期台灣人前往中國以外國家的經驗，將不被納入本書的討論。是以不再探究日治下台灣人前往東南亞、【11】歐美、蘇聯等國而生的國籍經驗，【12】到底其人數很少。且在日治台灣境內，台灣人可能遭逢的外國籍人士，不僅止於前述之具有清國/中華民國國籍者。【13】例如當台灣人接觸到來自英國的傳教士時，是否因其屬「異族」而較能意識到國籍之不同？凡此雖也是有意義的提問，但由於本書擬聚焦於台灣與中國間之交流

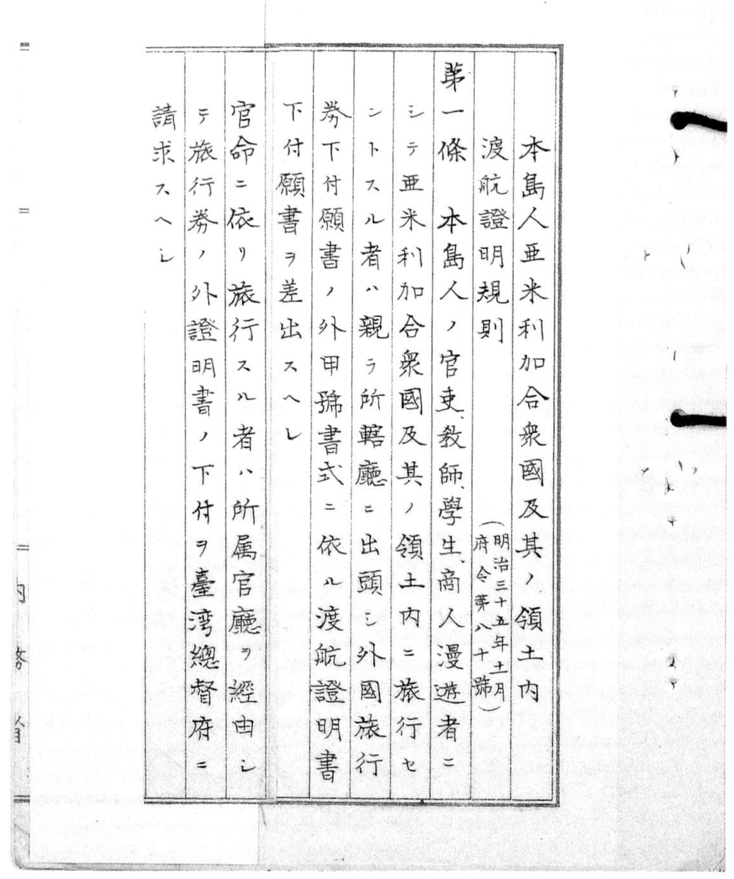
本島人亜米利加合衆國及其ノ領土内
渡航證明規則（明治三十五年十一月府令第八十號）
第一條　本島人ノ官吏、教師、學生、商人漫遊者ニシテ亜米利加合衆國及其ノ領土内ニ旅行セントスル者ハ親ラ所轄廳ニ出頭シ外國旅行券下付願書ノ外甲號書式ニ依ル渡航證明書下付願書ヲ差出スヘシ
官命ニ依リ旅行スル者ハ所屬官廳ヲ經由シテ旅行券ノ外證明書ノ下付ヲ臺灣總督府ニ請求スヘシ

圖1-3：台灣人雖具有日本國籍，但在當時美國移民法仍屬「中國人種」，前往美國仍得依照臺灣總督府規定的特別手續，申請渡航證明書。

來 源：日本外務省外交史料館提供。

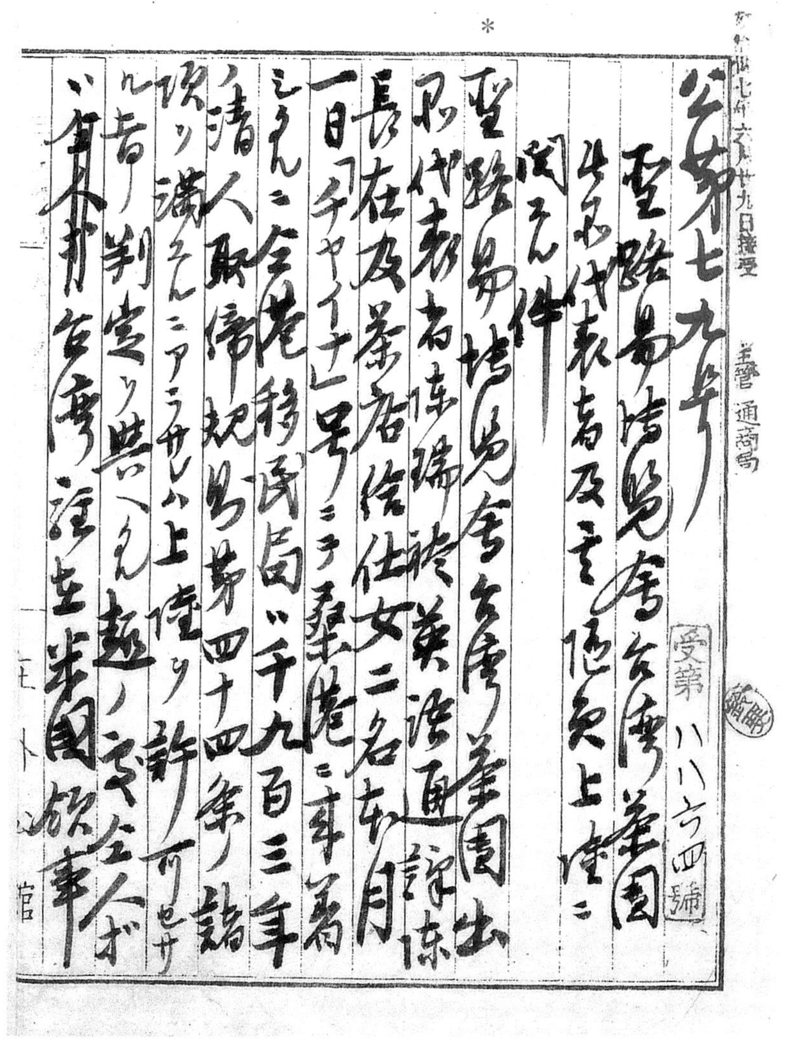

圖1-4：日治時期台灣人也以日本國籍前往美國，如1904年聖路易博覽會即有台灣人茶團代表。

來 源：日本外務省外交史料館提供。

與國籍經驗的關係，故不予處理。甚至台灣人到朝鮮或在台灣接觸朝鮮人，[14]是否因種族文化上之有別而對彼此屬於同一國籍沒什麼感覺等議題，也不予討論。

爲了再現這段歷史，本書相當倚重政府部門的檔案，包括了臺灣總督府、日本外務省及防衛省的檔案，以及剛整編完成的「日治法院檔案」。[15]不過，也須意識到這些官方檔案的作成者，原有其一定的立場與侷限。因此亦蒐集報章雜誌、口述紀錄、傳記等史料，以探求日治台灣社會實況。[16]

又，新的法律制度可於旦夕之間生效，但受其規範的一般人民，卻可能因長期沈浸於與該法制相衝突的文化傳統當中，或仍承繼著在前一政權統治下的生活經驗，而無法在新的法制甫施行之際，即理解或接受新的法律觀念。是以本書在論述上，將先交代國籍制度在西方的緣起與存在於東亞傳統中的天下體制，再具體化到在台漢人於清治時期的生活經驗。據此，方能理解屬於漢族或被漢化的台灣人，在日治時期與國籍制度初次接觸時的情境。

註釋

【1】例如參見陳昭如，〈性別與國民身分——台灣女性主義法律史的考察〉，《國立臺灣大學法

學論叢》第三五卷第四期（二〇〇六年七月），頁一—一〇三；李建良，〈人民與國家「身分連結」的法制詮要與法理探索：兼論台灣人國籍的起承斷續問題〉，《國立臺灣大學法學論叢》第三六卷第四期（二〇〇七年十二月），頁一—六〇；陳長文、林超駿，〈論人民返國入境權利之應然及其與平等權、國籍等問題之關係——以釋字第五五八號解釋爲中心〉，《政大法學評論》第九二期（二〇〇六年八月），頁一二一—二一七。

【2】例如參見甘懷眞、貴志俊彥、川島眞編，《東亞視域中的國籍、移民與認同》（台北：國立臺灣大學出版中心，二〇〇五）。

【3】日治時期法律上所稱的「內地人」，亦即日本人，以及時稱「蕃人」、「高砂族人」的高山族原住民，與在台漢人及平埔族人有著不同的種族文化或歷史際遇，法律上地位或所適用的法律也經常有別於所謂的「本島人」。由於本文擬從「在台灣」和「在中國」的漢人相互往來的各種經驗，探討國籍觀念對於在台漢人（含被其漢化的平埔族人）的意義是什麼，故在討論對象上排除了不屬於漢族、在當時還不曾被中原政權所統治的高山族原住民族的國籍經驗。關於日治時期高山族原住民族的國籍問題，已在另一文有所討論，參見王泰升，〈日治時期高山族原住民族的現代法治初體驗：以關於惡行的制裁爲中心〉，《國立臺灣大學法學論叢》第四〇卷第一期（二〇一一年三月），頁一一—二四、五〇。又，當今的「台灣人（民）」概念的範疇，已涵蓋了原住民族，以及日治時期所無的外省族群，甚至晚近的新移民，故日治時期國家法律上的「本島人」、社會認知上的「台灣人」，於今或可稱爲「原台灣人」。

【4】作爲政治共同體成員的「公民」，係西方自亞里士多德即有的概念，指稱有資格參與城邦的議事及審判事務之人。參見李建良，〈人民與國家「身分連結」的法制詮要與法理探索：兼

論台灣人國籍的起承斷續問題〉，頁四、註三。在台灣社會所處的東亞地域內，包括儒家在內的傳統文化觀念，雖認爲統治階層應悉心照顧一般人的福祉，但尚未承認一般人有主動參與統治事務的資格。

【5】參見王泰升，《台灣法律史概論》（台北：元照，四版，二〇一二），頁一四四—一四五。於今，社會科學界就「公民權」，通常將其分爲三類，亦即民權，指個人自由的權利、政治權，指參與政治過程的權利，以及社會權，指享有經濟福利與社會安全等一系列國家給付的資格與權利。公法學者李建良則從憲法學的角度指出，公民權的概念應著眼於人民與國家之間的身分（地位）關係，亦即初則個人服從於國家而有所給付；再則，個人被賦予一個獨立、免於國家干預的領域；繼則，國家自身負有對個人有所給付的義務；終則，個人以其意志參與國家統治的運作，甚至被承認爲國家權力的主體。參見李建良，〈人民與國家「身分連結」的法制詮要與法理探索：兼論台灣人國籍的起承斷續問題〉，頁三—四。

【6】參見鍾淑敏，〈臺灣籍民與臺灣華僑〉，收於甘懷眞、貴志俊彥、川島眞編，《東亞視域中的國籍、移民與認同》，頁一八二。

【7】例如，鍾淑敏，〈日治時期台灣人在廈門的活動及其相關問題（1895-1938）〉，收於走向近代編輯小組編，《走向近代：國史發展與區域動向》（台北：臺灣東華，二〇〇四），頁三九九—四五二；林滿紅，〈「大中華經濟圈」概念之一省思—日治時期台商之島外經貿經驗〉，《中央研究院近代史研究所集刊》第二九期（一九九八年六月），頁五一—九九；栗原純著、鍾淑敏譯，〈台灣籍民與國籍問題〉，收於林金田主編，《臺灣文獻史料整理研究學術研討會論文集》（南投：臺灣省文獻委員會，二〇〇〇），頁四二三—四五〇。

【8】許雪姬教授對於台灣人前往滿洲國發展的情形，有廣泛且深入的討論，將在本書相關部分引述其論著。

【9】參見鍾淑敏，〈臺灣籍民與臺灣華僑〉，頁一八四—一八五。

【10】例如，吳文星，《日據時期在臺「華僑」研究》（台北：臺灣學生，一九九一）；許雪姬，〈臺灣中華總會館成立前的「臺灣華僑」，一八九五—一九二七〉，《中央研究院近代史研究所集刊》第二〇期（一九九一年六月），頁九九—一二九；許雪姬，〈臺灣中華總會館與日據時期的臺灣華僑（一九二七—一九三七）〉，《史聯雜誌》第二二期（一九九三年六月），頁六七—九四；許雪姬，〈日治時期的「臺灣華僑」（1937-1945）〉，收於張炎憲主編，《中國海洋發展史論文集（第六輯）》（台北：中央研究院中山人文社會科學研究所，一九九七），頁四九九—五四九。

【11】參見林滿紅，〈日本政府與台灣籍民的東南亞投資（1895-1945）〉，《中央研究院近代史研究所集刊》第三二期（一九九九年十二月），頁一—五六。

【12】台灣人曾因係具有日本國籍的「中國人種」（亦即漢人），而受當時美國特別針對屬「中國人種」者所爲移民法之適用。臺灣總督府曾於一九〇二年（明治三十五年）十一月，以府令第八〇號發布《本島人亞米利加合眾國及其ノ領土内渡航證明規則》。一九〇四年曾有聖路易博覽會台灣茶出席代表陳瑞裕，以及英語通譯陳長在和兩位女店員，本於前述身分而在該年六月一日到達美國港口，見外務省外交資料館藏，「第九八號　帝國在籍支那人種ノ米國渡航ニ關スル件」，一九〇四（明治三十七）年六月十六日，收於「帝国在籍ノ支那人種ニ対シ渡米証明書ヲ発給スル官吏氏名表在本邦米國公使ヨリ請求一件」，《外務省記録》

（檔號：3.9.4.75）。

【13】在日治時期台灣，非中國的外國人爲數甚少。依一九四一年十二月所做的統計，居住於台灣的「外國人」有：中國四萬八千四百七十五人、英國十七人、菲律賓（殖民地）十人、德國三人、西班牙三十三人、印尼（殖民地）七人、義大利四人、安南（殖民地）二十人、泰國五人、白俄羅斯四人、蘇聯二人，共計四萬八千五百八十人。參見臺灣總督府外事部，《支那事變大東亞戰爭ニ伴フ對南方施策狀況（改訂版）》（台北：臺灣總督府外事部，一九四三），頁三〇三。

【14】例如參見陳姃湲，〈放眼帝國、伺機而動：在朝鮮學醫的臺灣人〉，《臺灣史研究》第十九卷第一期（二〇一二年三月），頁八七—一四〇；陳姃湲，〈在殖民地臺灣社會夾縫中的朝鮮人娼妓業〉，《臺灣史研究》第十七卷第三期（二〇一〇年九月），頁一〇七—一四九。

【15】本書也零星的使用了中華民國國民政府外交部檔案等。感謝孫安石教授介紹筆者使用日本外務省關於領事裁判的檔案，小金丸貴志博士兩度協助筆者閱覽外務省和防衛省的檔案。關於日治法院檔案，可參見王泰升，〈日治法院檔案的整編與研究〉，收於王泰升主編，《跨界的日治法院檔案研究》（台北：元照，二〇〇九），頁一—三六。

【16】探究日治台灣的法制、官界文化及在台日本人時，須回溯日本明治前期乃至西方法史；探究風土人情，則如本書第二章所示，須回溯清治時期，但就未受清朝統治的高山族原住民族，又另當別論。於探究戰後台灣時，就法制、官界文化、及外省族群，須回溯中國清末、民國時期以及西方法史，就社會環境、物質建設以及本省人（福佬、客家、原住民）族群，則須回溯日治台灣，而非民國中國。

【第二章】漢人與西方國籍制度的初次接觸

一、國籍觀念與制度在西方社會的發展

歐洲於一六四八年為解決使征戰雙方皆兵疲力竭的「三十年戰爭」而簽訂的《西伐利亞條約》（Peace of Westphalia），開啓了現代意義的國際法。在該條約出現之前，如英格蘭、法蘭西、西班牙等國族國家（nation-state，亦有譯為「民族國家」或「國民國家」）已相繼形成與壯大，並在特定領土內擁有獨立的主權（sovereignty）。該條約則承認神聖羅馬帝國統治下為數眾多的邦國成為獨立主權國家，確保包括既有國族國家在內的各個基督教文明主權國家相互之間皆平等，且以此為基礎建立近代歐洲新的國際秩序。【1】換言之，依近代歐洲所發展出的國際法，基於共同的血緣、語言、文字、生活

圖2-1：承認各主權國家均平等的1648年西伐利亞條約儀式（Gerard Ter Borch繪）。
來 源：維基百科公共領域資源。

習慣、歷史經驗、或政治上命運等，而凝聚成一個政治共同體的國族國家，因享有主權故得以對國家領土範圍內的人或物享有排他的管轄權，不受他國的干涉，以彰顯主權之具有對內「最高性」的性質，學說上稱此爲「領土（含領海和領空）管轄原則」。【2】同時，這個擁有主權的國族國家，對於在領土外的國家構成員，亦即具有本國國籍之人的人身與財產亦得進行外交保護，或進行學說上所稱「國籍管轄原則」之對於不問身在何處的國民訴追其犯罪行爲。【3】不過，前述兩個原則可能相衝突，亦即當某國對其居住或身處他國的國民主張國籍管轄時，該他國亦可主張其擁有領土管轄，導致個人受雙重管轄，有待此兩國爲相互協調。

在近代歐州如上所述國族國家的建制下，國籍乃是某個人屬於某特定國家的法律上紐帶，表徵該個人是該特定國家構成員，亦即「國民」的身分。按在歐洲近代前的封建時期，封建國家所領有的人民全然依附於所領有之土地，國籍與住所無庸區別，此外也存在著對於封建領主「忠誠義務」的思想。不過，英國在十一世紀已發展出，對於國王負有忠誠義務者即爲國王「臣民」，並要求在國王領土上出生之人自始產生對於國王的忠誠義務。當歐洲近代的國族國家興起後，就把來自封建制度、以忠誠義務爲基礎的臣民的概念，替換成作爲國家構成員對於「國民共同體」負忠誠義務的國民的概念。國籍（nationality）的概念，因此與忠誠義務相連結，係指以忠誠義務爲紐帶結合成爲國家的自然人之身分。換言之，具有國籍的國民（national）負有對國家永久忠誠的義務。

二、漢族傳統的化外人觀念

十九世紀以前的東亞社會，存在著本於傳統的「天下」觀念所形成的「朝貢體

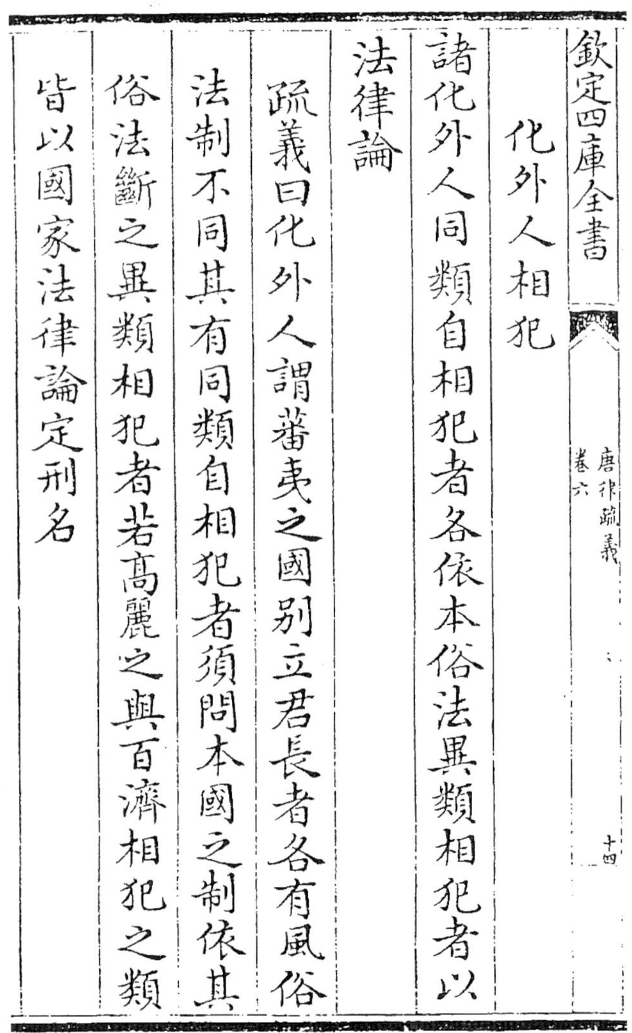

欽定四庫全書

化外人相犯

諸化外人同類自相犯者各依本俗法異類相犯者以法律論

疏義曰化外人謂蕃夷之國別立君長者各有風俗法制不同其有同類自相犯者須問本國之制依其俗法斷之異類相犯者若高麗之與百濟相犯之類皆以國家法律論定刑名

唐律疏義 卷六 十四

圖2-2：《唐律》「化外人相犯」條。長孫無忌的《唐律疏義》對「化外人」的解釋是：「化外人謂蕃夷之國別立君長者」。
來 源：《唐律疏義》。

制」。在東亞漢文古籍的知識體系裡，「天下」的觀念相當於今天所說的「世界」。自秦漢兩朝起，所謂的「天下」是一個存在著文明與合理的空間／社會，今亦被稱為「漢字文化圈」或「儒教文化圈」，係由作為天之子的皇帝所支配。此一空間的領域內，可分為內、外兩層。內層是由皇帝設置郡縣以統治、居於世界之中心的「中原」（或稱「中國」），【4】其上之人為「民」。外層則是在中原周邊的政治共同體，由其君長向在中原的皇帝呈獻漢字書寫的國書，接受皇帝冊封（例如清朝皇帝與朝鮮國王之間的關係），或向皇帝為朝貢。此一外層之地域被稱為「化外」，其上之人被稱為「夷（人）」、「蕃人」。在該外層之外還有第三層，亦即屬天下之外的異域，被認為是人之理性所無法認知的世界，居住其上者「非人」，天子／皇帝可以不需要支配該地域。【5】

於上述的天朝或所謂「華夷秩序」或「中華」思想裡，【6】統領中原的皇帝／天子與統領周邊（化外之地）的君長，是以朝貢來表現存在於其彼此間的優越與從屬關係，自認屬於漢文化之人亦以此傲視「化外」之人，殊不同於近代歐洲基督教世界中，以各主權國家／國族國家相互平等為前提所建立國際秩序。中原政權及漢族因此係以文化觀念，作為區分自身與他者的基準，認為接受漢文化者即是「民」，以區分出僅部分接受漢文化的「化外人」，而非以屬於天朝秩序底下各個「國」來做身分上辨識，蓋各「國」均屬化外也。【7】此亦有別於近代西方主權國家/國族國家，係以居住於特定領土內的地域關係，或者以對國家具有忠誠義務，來作爲是否爲國民，亦即擁有國籍的區分標準。

其實在漢族所居住的中原地帶，仍存在著化外人前來天朝進行具有政治上臣服意涵之「朝貢」以外的商業貿易活動。於八世紀時，以化外人身分來到唐朝統治下今之中國南方的阿拉伯人和波斯人，在廣州、廈門、寧波、杭州等地形成「蕃坊」與當地人進行商業交易，且阿拉伯人間的紛爭係由被稱爲「蕃長」的回教法官處置。又依南宋時代的文獻所示，雖國法上不許內外地人雜居，但地方官對於「蕃商」在城內雜居並不取締。且化外人原則上可在中原地帶通行，唐宋兩朝設「市舶司」處理其貿易活動所涉及之事務，包括其與化內人之金錢糾紛，依《宋史》所載，「蕃人」有罪時官府亦予以治罪，但屬笞杖之罪則交蕃長處置。由漢人眼中屬化外人的蒙古人所建立的元朝，對於化外人至中原貿易採積極管理政策，故於十三世紀後半葉即在沿海重要口岸設市舶司，泉州尤爲通商重地，同時亦有基督教傳教士至中土宣教。【8】由上可知，居住於今之中國東南沿海地帶，尤其是福建、廣東的漢人，此時已具有與化外人進行非屬朝貢之商業貿易的生

圖2-3：廣東的歐洲洋行（William Daniell繪）。
來 源：維基百科公共領域資源。

活經驗。

由漢人所建立的明朝，基於漢族傳統的華夷思想，尤因受到倭寇的侵擾，而採「海禁」的鎖國政策。故自十五世紀末、至十六世紀前半葉，歐洲人紛紛前來中原地域請求通商貿易，但抱持朝貢體制之心態的明朝政府，原則上不准歐洲人自由通商，除了葡萄牙人在澳門一地獲得貿易特權外，只准以「入貢船」身分前來時，附隨地為一定的貿易活動。【9】然而，如上所述僅是官府的規定與作法，中國東南沿海人民違反朝廷禁令從事海外貿易而被稱「海賊」者不少，其大多數是寧波、紹興、漳州、泉州、福州之庶民，尤以後三地居多，其顯然不受官府所堅持的冊封和朝貢觀念之束縛。【10】像明末縱橫台灣海峽之鄭芝龍、鄭成功父子即為福建泉州府南安縣人，該地人民所承襲的可能就是元朝以來庶民的海上活動經驗。

於十七世紀崛起化外、習於陸戰的滿人建立清朝入主中原之後，仍維持具有政治上君臣意涵的朝貢體制。清朝曾於一六八五年在浙江、福建、廣東設置海關以監督與管理化外人，此時主要是與英國人進行所謂的「外夷貿易」，且清朝一直自認「外夷在粵通市、係聖朝嘉惠海隅」。然自十八世紀三〇年代以後，清朝即禁止英國在廣州之外進行貿易，且僅能居住於廣東城外的「夷館」，西方人的「夷船」不准進入內洋就地貿易，不過仍承認明朝以來葡萄牙人在澳門的貿易特權。且在「天朝」對「夷國」的認知下，清朝對於夷人（英國人、葡萄牙人、美國人、法國人等）之犯罪行為自可為審斷，至於一般民人（係大清律例上之用語）私下與夷人進行交易係屬違法，若被查覺，將不是裁決其可能的紛爭而是課以刑事制裁。【11】

然而清朝統治下福建、廣東沿海的民人，向來有出洋或化外貿易的經驗，故為了謀生，有些人跨越台海至原屬化外、從清朝觀點係清初方被納入天朝統治的台灣（參見後述）。還有一些人則遠赴被稱為「夷國」的西方國家在今之東南亞的殖民地求發展，這些違反海禁之國法而前往化外之地者，在清朝眼中無異是「天朝棄民」，其再回籍為民

欽定四庫全書　　大清律例　卷二十　十三

私出外境及違禁下海

凡將馬牛軍需鐵貨未成軍器銅錢緞疋紬絹絲綿私
出外境貨賣及下海者杖一百受雇挑擔馱載之
人減一等物貨船車並入官於内以十分為率
三分付告人充賞若將人口軍器出境及下海
者絞監候因而走泄事情者斬監候其該拘束官司
及守把之人通同夾帶或知而故縱者與犯人
同罪至死減等失覺察者官減三等罪止杖一百軍
兵又減一等罪坐直日者若守把之人受財以枉法論

圖2-4：大清律例．兵律「私出外境及違禁下海」條，處罰將特定物資輸出至境外。
來 源：《大清律例》。

將人口略
賣與境外
之官主人
見略人略
賣人

擅入苗疆
犯法見恐
嚇取財

在苗疆地
方教誘犯
法見詐教
誘人犯法

一東省豆船倘無印票裝運出口及有
匿票私賣與原票不符該管官不行
查拿者罰俸一年則例

嘉慶五年七月二十三日奉
上諭吉慶奏無革陋規及嚴查接濟洋匪一
摺內稱嗣後如有文武員弁兵役等勒索
漁戶錢文先于海口枷號一年示衆滿日
按律定擬其得陋規私放柴米違禁等物
出洋及代盜銷賣贓物者不論員弁兵丁
先于海口枷號半年滿日計贓定擬自當
照奏辦理并入例册欽此

嘉慶十年十二月十五日奉
旨據延豐奏本年十月內有嚕啞國船二只
先後來至澳門地方據洋商等查明嚕啞
即哦羅斯并譯出夷章呈遞懇求恩准卸

充賞失察之汛口文武各官照例議處如有
得賄故縱者即行參革以枉法計贓治罪倘
有不肖員弁奉委之後並不親身出口及妄
拿商船頭舵帶食米訛詐者一體嚴參其有得
贓者照恐嚇取財律治罪

*一凡外國貢船到岸未曾報官盤驗先行接買
番貨並外國人入貢經過地方街市鋪行人
等私與外國人交通買賣如所買賣貨物不
係違禁者均照違

圖2-5：大清律例．兵律「私出外境及違禁下海」條之一「例」，處罰在朝貢所許之外與「外國人」私自買賣「番貨」。

來 源：《大清律例會通新纂》。

朝鮮進貢
查明貨物
護送見轉
解官物
代外國人
收買違禁
貨物見把
持行市
販私茶外
國見私茶

旨延豐當飭札商那彥成并與孫玉庭面
商飭令洋商夷公交易等語所辦粗率之
至外夷通市皆有一定地界不准過越廣
東澳門等處聚集各島夷船皆係當呈之
國王干[口路]啞之名從未見此等交涉外夷
之事自當鄭重辦理該監督或遵照定例
即行駁回或令將洋船暫行停泊既有夷
章自應隨摺據實奏聞候旨辦理何得率
據洋商稟報之詞擅准卸貨交易且譯出
之夷稟如何敘述亦未據該監督隨摺呈
覽其船上所帶皮張銀兩究係何項皮張
共帶若干其銀兩欲轉販何項貨物均未
一一詳細詢明據實具奏甚屬非是延豐
那彥成孫玉庭均着傳旨申飭此事自係
延豐宄出主見着將延豐交部議處那彥
成孫玉庭均着交部察議欽此

制律杖一百枷號一個月貨物入官如所買賣係
違禁貨物並會同館內外四鄰及軍民人等
代替外國人收買違禁貨物者俱枷號一個
月發近邊充軍若外國差使臣人等
朝貢到京與軍民人等交易止許光素紵絲絹布
衣服等件不許買黃紫黑皂大花西番蓮段
疋並不得收買史書違者將賣給之人照代
為收買違禁貨物例枷號一箇月發近邊充
軍如有將一應違禁軍器硝黃牛角銅鐵等

者亦少。【12】

三、十九世紀後半葉海外華人之視國籍為謀利工具

這批移居化外之地的漢人（十九世紀後相對於稱呼西方人為「洋人」而稱為「華人」），因僑居海外而被稱為「華僑」，並因此接觸了西方社會所發展出來的典章制度，包括歐洲人的主權國家和國籍等法制。其移居英屬海峽殖民地（含今之馬來西亞和新加坡）者，可能取得英國國籍；移居法屬安南殖民地（今之越南）者，可能取得法國國籍；移居荷屬印尼殖民地者，可能取得荷蘭國籍，亦即透過國籍而建立其與這些西方國家的法律上紐帶。另一方面，其與在福建、廣東等家鄉的人仍維持著親族、語言、風俗等文化上的紐帶關係，殊便於在家鄉與移居地之間進行朝貢體制外「私的」貿易，並獲取經濟利益，且縱令不回籍（返回家鄉而編入戶籍）亦可能將其在海外所累積的財富回流給在家鄉的親人。【13】

就在一八四〇年清朝在與英國爆發戰爭卻敗北後，傳統的朝貢體制因一八四二年簽訂的《南京條約》而走向崩解，以近代西方國際法為依據的條約體制則趁勢取代之。【14】許多海外華人因此成為在條約體制下具有西方國家國籍之人，並發現其在故鄉，亦即中

by the Plenipotentiaries on board Her Britannic Majesty's Ship Cornwallis this 29th day of August 1842 — corresponding with the Chinese date, 24th day of the 7th month in the 22nd Year of Taoukwang.

大清欽差便宜行事大臣等
大英欽奉全權公使大臣各為
君上定事蓋用關防印信各執一冊為據俾即日按照和約開款之條施行妥辦無礙矣要至和約者
道光二十二年七月二十四日
一千八百四十二年八月二十九日即英國記年之日

圖2-6：打破朝貢體系的《南京條約》。
來 源：外交部提供。

國（指作爲現代國際法上的主權國家，而非朝貢體制下的清朝），可同時獲取身爲外國人與身爲漢人兩邊的「好處」。按依據國際法上由各主權國家所簽訂的條約，英國等西方國家在中國擁有若干特權，故當具有外國籍的海外華人的人身或財產遭到中國民人或官員威脅時，可請國籍所在國領事爲外交保護，發生法律爭議或有犯罪之嫌時亦由領事處理或爲裁判。【15】早在甫開放外國人通商的一八四〇年代後期與一八五〇年代，即已發生不少居住英屬海峽殖民地（包括今之新加坡和馬來西亞）的福佬人以英國籍身分來到廈門後，與仍居住於廈門的族人發生爭議或從事不法活動時，竟以英國國籍爲護身符，請求英國領事介入或干涉。由於彼等與中國一般百姓在服飾或語言上等幾乎無兩樣，國籍所在國領事不易辨識是否爲該國國民，故如英國即要求英籍華人於抵達該等口岸時，須持有歸化證明至領事館爲登錄。惟另一方面，英國人等外國人在中國的活動範圍與方式亦受到一定的限制，例如不可進入通商口岸以外的區域。在中國，已屬外國人的海外華人當然亦應受到此類限制；然其企圖「左右逢源」，故經常隱藏外國人身分以規避之，而中國地方官甚至當地一般的民人，實難以從外觀或語言等辨識出該等人之具有外國籍。【16】

由於是被迫進入新的條約體制，中國官民可能仍依傳統的「華夷」觀念而視這些具

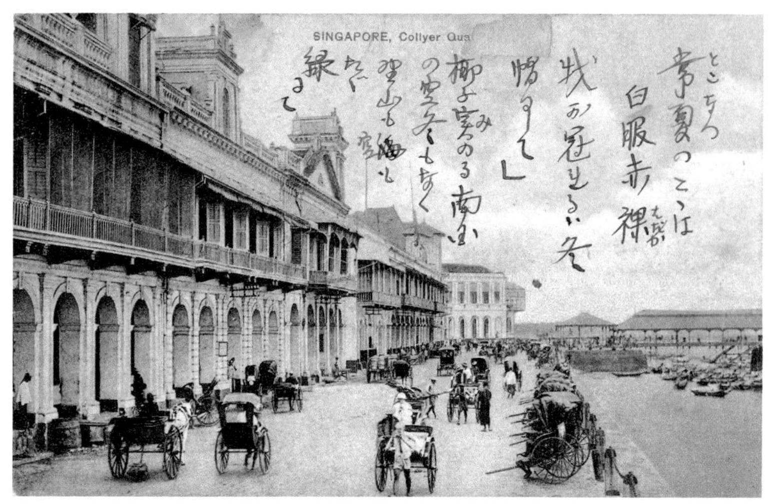

圖2-7：新加坡哥烈碼頭（Collyer Quay），以英屬海峽殖民地工程師George Chancellor Collyer命名。

來 源：中央研究院臺灣史研究所檔案館提供。

外國籍之海外華人爲「漢奸」，或認爲其依然服漢人衣冠即應當受清朝律例等之拘束；然若依源自西方的國際法，這些具外國籍之海外華人已非中國之國民，並不對中國具有忠誠義務，故何「奸」之有？【17】不過，直到二十世紀初清朝中國制定現代意義的國籍法時，仍受傳統觀念的影響，而將居住於中國之外、但與中國具有文化、血緣上關係者，視爲係中國國民。【18】另一方面，一直居住於中國境內、並未遠赴海外而加入另一個政治共同體（包括某國之殖民地）的漢人，在看到同種族文化的海外華人因具有外國籍而左右逢源之後，亦意圖取得外國國籍以獲利，此即所謂「冒籍」問題，尤以福建一地爲甚。【19】在此情境下，國籍竟被漢人視爲係無關國家忠誠義務的某種謀利工具。

總之，十九世紀後半初次接觸近代西方的國家及國籍觀念的華人，雖已移居西方人統治的殖民地，尚難以了解由特定領域內自由的公民共同組成國族國家、國民須對國家忠誠的理念，故不易因取得某國之國籍即產生作爲該國族國家之構成員的身分認同，以及衍生之對該國家的忠誠義務。倒是漢族庶民文化中華夷之辨、不能「忘本」的觀念，可能使其展現忠誠義務的對象，不是法政上的國籍所屬國，而是自己的家族或文化上所屬群體，例如福佬人/福建人、福州人、客家人、潮州人、或某某縣之人，甚或是所參與的幫派/會黨。至於根本生活在中國，卻想辦法取得中國以外的國籍者，對國籍所在國更難以產生國族認同，更遑論履行對所屬國家的忠誠義務。於是，由國籍所表徵的法律上的國民身分，與彼等情感上的文化或群體的認同並不一致，國籍僅被視爲一種必要時拿來維護自身利益的工具爾。

四、清朝統治下台灣漢人的國籍觀念

清朝統治下台灣的漢人，主要是自福建、廣東沿海移出的福佬人、客家人，其原即

圖2-8：日治時期（1920年代）的台南安平，左方建物為德記洋行（現為臺灣開拓史料蠟像館），右方似為怡和洋行（今已不存）。
來 源：國家圖書館提供。

相對地較能跳脫朝貢概念而具有化外貿易經驗的一群。從荷治、鄭治，到清治時期移居台灣的漢人，主要是前述中國東南沿海、可能承襲元朝以來庶民海上活動經驗的那群人之後代，故對搭船渡海「討生活」並不陌生，也不排斥與化外人（夷人、洋人）進行貿易。以今之用語，這些移居台灣的福佬人、客家人，可說是漢族當中最具有「國際化」視野與能力的一群。

不過，在台漢人於清朝中國的「鎖國」政策下，仍與西方人幾無往來，直到一八六〇年清朝在台開放雞籠、淡水、安平、打狗等四個外國人可通商的口岸，才有機會接觸以英國人居多的西方商人或傳教士，但似乎仍視之爲傳統觀念上的化外人，而非具外國國籍之外國人。且清朝統治下在台漢人主要的通商對象，仍是住在中國大陸東南沿海城市，尤其是廈門一地之人，【20】故前述因具外國籍之海外華人的出現所滋生的生活經驗，很可能已傳遞至居住於台灣通商口岸的商人社群。【21】復因在台漢人與其在福建、廣東等故鄉的家族成員猶有所往來，【22】故亦可能受這些親友的影響，而同樣視國籍爲無關國家忠誠義務的謀利工具。

但一般而言，清朝統治下大多數的在台漢人，實難以接觸或了解到繼受自近代西方的國籍制度。按清代中國（依中國史的分期，一六四四—一九一一）須至一九〇九年方依照西方的國籍觀念制定國籍法，但此時其對台灣的統治早已結束，故台灣史上的清治時期（即清朝統治時期，一六八三—一八九五），不曾施行過具有現代意義的國籍法。於是，仍舊沈浸於漢族傳統華夷觀念的在台漢人，就在視國籍爲無關現代型國家之認同與忠誠，而較在乎其在化外/國際貿易或其他營利活動上的作用或好處之情況下，如下所述的被要求依從西方人所謂的國際法上慣例，「選擇」日本或清國作爲其國籍。

註釋

【1】參見姜皇池，《國際公法導論》（台北：新學林，二〇〇六），頁五四—五六、五九—六一。

【2】參見李建良，〈人民與國家「身分連結」的法制詮要與法理探索：兼論台灣人國籍的起承斷續問題〉，《國立臺灣大學法學論叢》第三六卷第四期（二〇〇七年十二月），頁六、五三；姜皇池，《國際公法導論》，頁四九三。

【3】參見姜皇池，《國際公法導論》，頁六一、四九七。

【4】漢文古籍上基於傳統的「天下觀」而被書寫下來的「中國」，與當今華語文基於現代國際公法用以表達一個主權國家的中國一詞，在實質內涵上不同。為避免因同詞異義造成相互混淆，故筆者行文時將以同樣屬於古代用語的「中原」，取代傳統「天下觀」底下的「中國」，而所指稱之中國，亦即不加括弧的中國，則係在相當於古代中原之地域所建立的現代型／西方式主權國家，其起自一八四〇年鴉片戰爭之後的大清帝國，繼而一九一一年之後的中華民國，直到一九四九年之後的中華人民共和國。按清朝雖因一八四二年與英國締結條約，而步入以西方國際法為規範依據的「條約體制」，但其不見得當時即已放棄自視為「天朝上國」的觀念。然而至一八九五年，清朝政府與「天朝」觀念下為藩屬的日本締結《馬關條約》，形式上以「大清帝國」與「大日本帝國」並列為締約當事國，且《馬關條約》第一條還規定，另一個「天朝」觀念下作為藩屬的朝鮮「向中國所修貢獻典禮等，嗣後全行廢絕」。此舉等於承認中國係與日本、朝鮮同屬現代型主權國家，彼此處於平等的地位。上揭

載於清朝政府內部文書的《馬關條約》內容，見臺灣史料集成編輯委員會編，《明清臺灣檔案彙編第伍輯第一〇四冊》（台南：國立臺灣歷史博物館，二〇〇九），頁五二四—五二五。

【5】參見甘懷眞，〈導論：重新思考東亞王權與世界觀——以「天下」與「中國」爲關鍵詞〉，收於甘懷眞編，《東亞歷史上的天下與中國觀念》（台北：國立臺灣大學出版中心，二〇〇七），頁二六—二八、三一—三二。

【6】參見川島眞，《中国近代外交の形成》（名古屋：名古屋大学出版会，二〇〇四），頁二五。

【7】在唐律中有「化外人相犯」條，在大清律例亦有「化外人有犯」條，雖大清律例內亦曾出現「外國人」之用語，但從其上下文係「凡外國人朝貢到京」，似仍維持「朝貢」的觀念，所指的是天朝觀念下的「國」。參見陳惠馨，〈從規範概念史的角度談中國傳統法律中「國籍」、「化外人」、「外國人」觀念的變遷〉，收於甘懷眞、貴志俊彥、川島眞編，《東亞視域中的國籍、移民與認同》（台北：國立臺灣大學出版中心，二〇〇五），頁四—九。

【8】參見入江啓四郎，《中國に於ける外國人の地位》（東京：東京堂，一九三七），頁九—一六。

【9】《大明會典》中的「朝貢條例」規定：「凡交通禁令、各處夷人朝貢、領賞之後、許於會同館開市三日或五日、惟朝鮮琉球、不拘期限」。轉引自入江啓四郎，《中國に於ける外國人の地位》，頁二九。

【10】當時的文獻《全邊略記》指出：「諸奸畏官搜捕，亦遂勾引島夷及海中巨盜……動以倭寇爲

名，其實眞倭無幾」，又謂：「海賊稱亂，起於負海姦民通番互市，夷人十一，流人十二，寧紹十五，漳泉福人十九」。以上所述，參見入江啓四郎，《中國に於ける外國人の地位》，頁一七—三〇；川島眞，《中国近代外交の形成》，頁二四。

【11】參見入江啓四郎，《中國に於ける外國人の地位》，頁三〇—六四；中國史學會主編，《中國近代史資料叢刊：鴉片戰爭（一）》（上海：上海人民出版社，一九五七），頁一六〇；川島眞，《中国近代外交の形成》，頁二八。清朝在北疆與俄羅斯所爲的「陸路貿易」，不在本書論述範圍之內。

【12】按清朝在中國東南沿海頒行海禁，原有對付縱橫台海的鄭氏集團之意，故在康熙皇帝剷除鄭氏海上勢力後，即解除先前爲該目的而爲的海禁，嗣後曾申明凡在一七一七年前出洋的船戶，只要出具保結，即准回籍。然而在雍正皇帝時又令海外華人限期回國，否則不准回籍，顯示人民出洋仍在禁止之列。對於羈留海外不歸者，清廷視之爲逃民，不予保護。一七四〇年荷蘭政府在巴達維亞屠殺華人，乾隆皇帝聲稱：「天朝棄民……天朝概不聞問」。其後南洋僑領回籍時，亦有因曾充當甲必丹而被懲治。此後海外華人皆對回籍裹足不前。參見李盈慧，《華僑政策與海外民族主義（1912-1949）》（台北：國史館，一九九七），頁二一—二二；彭思齊，〈晚清閩省英籍華民管轄權交涉（1842-1911）〉（台北：國立政治大學歷史學系碩士論文，二〇〇九），頁三九—四三。

【13】參見川島眞，《中国近代外交の形成》，頁三一。

【14】參見川島眞，《中国近代外交の形成》，頁三二；入江啓四郎，《中國に於ける外國人の地位》，頁八七。

【15】關於外國在中國的領事裁判權制度之發展概要，參見王泰升，〈清末及民國時代中國與西式法院的初次接觸——以法院制度及其設置爲中心〉，《中研院法學期刊》第一期（二〇〇七年九月），頁一五三—一五四；入江啓四郎，《中國に於ける外國人の地位》，頁四二〇—四八〇。

【16】參見彭思齊，〈晚清閩省英籍華民管轄權交涉（1842-1911）〉，頁五八—七九。

【17】例如參見彭思齊，〈晚清閩省英籍華民管轄權交涉（1842-1911）〉，頁五五—六〇、七三。

【18】參見彭思齊，〈晚清閩省英籍華民管轄權交涉（1842-1911）〉，頁一四三—一四四。當然該國籍法採取所謂血統主義的立場，在國際法上並非無據，但之所以採取此制，除了爲廣納海外華人所擁有的經濟上利益之外，亦因觀念上是以文化和血緣爲「同類」與否的判斷基準。

【19】參見彭思齊，〈晚清閩省英籍華民管轄權交涉（1842-1911）〉，頁八七—八八、九四、一三八—一三九。一八八〇年代及一八九〇年代，英籍華人與廈門當地中國人之間的債務、商貿糾紛，甚或是冒牌英籍貿易公司等問題，不僅讓清朝地方官與泉永道忙於處理此類中外交涉問題，英國駐廈門領事同樣疲於應付英籍華民利用國籍發展出的經營手法所衍生的糾紛。而在英國的保護有所侷限的情形下，對華人更具吸引力的是，成爲下一章所論述的「台灣籍民」。參見村上衛，〈晚清時期廈門英籍華人的經濟活動〉，收於謝國興主編，《中央研究院第四屆國際漢學會議論文集：邊區歷史與主體性形塑》（台北：中央研究院，二〇一三），頁八—一八、二二—三二、三八—三九。

【20】例如台灣北部的茶業勞工大多來自廈門附近，所生產的茶經常是運至廈門港再出口；且廣東的洋行漢人買辦在台灣樟腦的輸出上，亦扮演重要角色。參見林滿紅，《茶、糖、樟腦業與

臺灣之社會經濟變遷（1860-1895）》（台北：聯經，一九九七），頁一〇二—一〇三、一〇七、一二七。

【21】據說在台商人係跟隨與外國人交易的廣東人的稱呼，將英國人所謂「company」的商業組織體稱爲「公司」。參見王泰升，〈台灣企業組織法之初探與省思〉，收於王泰升，《台灣法律史之建立》（台北：王泰升，二版，二〇〇六），頁二九四，註二八。

【22】例如，一九二〇年代台灣人政治反對運動的健將林呈祿，於一八九六年其父兄在台灣遭日軍殺害後，其母即攜往中國福建的鼓浪嶼避難，林母的作爲應是延續清治時期的生活經驗，亦顯現其與住在鼓浪嶼者仍有一定的人際網絡。參見王詩琅訪問，〈林呈祿先生訪問紀錄〉，收於黃富三、陳俐甫編輯，《近現代臺灣口述歷史》（台北：林本源中華文化教育基金會．國立臺灣大學歷史系，一九九一），頁二四—二五。

【第三章】

因具有日本國籍而在中國成爲台灣籍民

一、《馬關（下關）條約》國籍選擇條款及其執行狀況

於一八九五年五月八日，清朝（依朝貢體制）/大清帝國（依條約體制）與大日本帝國爲結束戰爭狀態而簽訂的《馬關條約》（日方稱《下關條約》）因雙方換文而正式生效；而作爲雙方議和條件之一，乃是中國/清國將其領有的台灣本島及澎湖群島割讓予日本（參見該條約第二條）。[1]台灣（指台澎，以下同）在國家領土的歸屬上固然因之而改變，但其上人民所隸屬的國家，亦即該等人們的國籍，是否隨之全然改變呢？《馬關條約》第五條規定：「割讓給日本國之土地上住民，欲至割讓地以外的地方居住者，得在本約批准互換之後二年的猶豫期間內，自由變賣所有產業，退去界外。但期限

第二款

＊中國將管理下開地方之權併將該地方所有堡壘軍器工廠及一切屬公物件永遠讓與日本

一下開劃界以內之奉天省南邊地方從鴨綠江口溯該江以抵安平河口又從該河口劃至鳳凰城海城及營口而止畫成折線以南地方所有前開各城市邑皆包括在劃界線內該線抵營口之遼河後即順流至海口止彼此以河中心為分界

遼東灣東岸及黃海北岸在奉天省所屬諸島嶼亦一併在所讓境內

二臺灣全島及所有附屬各島嶼

三澎湖列島即英國格林尼次東經百十九度起至百二十度止及北緯二十三度起至二十四度之間諸島嶼

第五款

本約批准互換之後限二年之內日本准中國讓與地方人民願遷居讓與地方之外者任便變賣所有產業退去界外但限滿之後尚未遷徙者酌宜視為日本臣民

又臺灣一省應於本約批准互換後兩國立即各派大員至臺灣限於本約批准互換後兩箇月內交接清楚

訂下開各款

第一彼此約明本日署名蓋印之和約添備英文與該約漢正文日本正文較對無訛

＊第二彼此約明日後設有兩國各執漢正文或日本正文有所辨論即以上開英文約本為憑以免舛錯而昭公允

圖3-1：《馬關條約》有漢文版（右）與日文版（左）。雙方同時簽署的「議定專條」中規定兩方如有爭執，以英文約本為憑。

來 源：外交部、日本外務省外交史料館提供。

第二條

*清國ハ左記ノ土地ノ主權並ニ該地方ニ在ル城壘兵器製造所及官有物ヲ永遠日本國ニ割與ス

一左ノ經界内ニ在ル奉天省南部ノ地

鴨綠江口ヨリ該江ヲ溯リ安平河口ニ至リ該河口ヨリ鳳凰城海城營口ニ亘リ遼河口ニ至ル折線以南ノ地併セテ前記ノ各城市ヲ包含ス而シテ遼河ヲ以テ界トスル處ハ該河ノ中央ヲ以テ經界トスルコトト知ルヘシ

遼東灣東岸及黃海北岸ニ在テ奉天省ニ屬スル諸島嶼

二臺灣全島及其ノ附屬諸島嶼

三澎湖列島即英國「グリーンウイチ」東經百十九度乃至百二十度及北緯二十三度乃至二十四度ノ間ニ在ル諸

ヲ得ヘシ如シ本約批准交換後三個年以内ニ該賠償金ノ總額ヲ皆濟スルトキハ總テ利子ヲ免除スヘシ若夫迄ニ二個年半若ハ更ニ短期ノ利子ヲ拂込ミタルモノアルトキハ之ヲ元金ニ編入スヘシ

第五條

日本國ヘ割與セラレタル地方ノ住民ニシテ右割與セラレタル地方ノ外ニ住居セムト欲スル者ハ自由ニ其ノ所有不動產ヲ賣却シテ退去スルコトヲ得ヘシ其ノ為メ本約批准交換ノ日ヨリ二個年間ヲ猶豫スヘシ但シ右年限ノ滿チタルトキハ未タ該地方ヲ去ラサル住民ヲ日本國ノ都合ニ因リ日本國臣民ト視為スコトアルヘシ

日清兩國政府ハ本約批准交換後直チニ各一名以上ノ委員ヲ臺灣省ヘ派遣シ該省ノ受渡ヲ為スヘシ而シテ本約批准交換後二個月以内ニ右受渡ヲ完了スヘシ

屆滿之後尚未遷離者，酌宜視爲日本臣民。」【2】按十九世紀後半葉在國際法上的實踐，常於領土割讓時賦予割讓地住民「國籍選擇權」，除非認定住於其上者係所謂「未開化或半開化」民族，【3】或許明治政府爲了表現其乃依國際法行事，而在日本自身尚未完成國籍立法之時即在條約中納入國籍選擇條款。【4】

爲執行該項「得退去界外」的規定，臺灣總督府於一八九五年十一月十八日以日令第三五號公告《臺灣及澎湖列島住民退去條規》。該條規明白表示，欲移居於被割讓地台灣以外之地方者，得自由地賣掉不動產而離去。依其第一條之規定，台灣住民欲移居本地之外者，不論係屬累世居住或一時寄居，須記明其鄉貫、姓名、年齡、現住所、不動產，於明治三十（一八九七）年五月八日之前，向臺灣總督府之地方官廳提出申報。其第三條更是故作寬大地規定，參與武裝抗日者只要歸降並繳納武器即可離去。甚至，一八九七年五月五日苗栗地方法院曾判認，欲離去台灣者得不顧其與他方於一八九六年十月所訂之爲期五年的出典契約，逕取回系爭不動產進行處分，以移居清國福建省；案經上訴後覆審法院及高等法院皆維持原判，顯示司法部門亦全力支持這項「自由退去」的政策。【5】

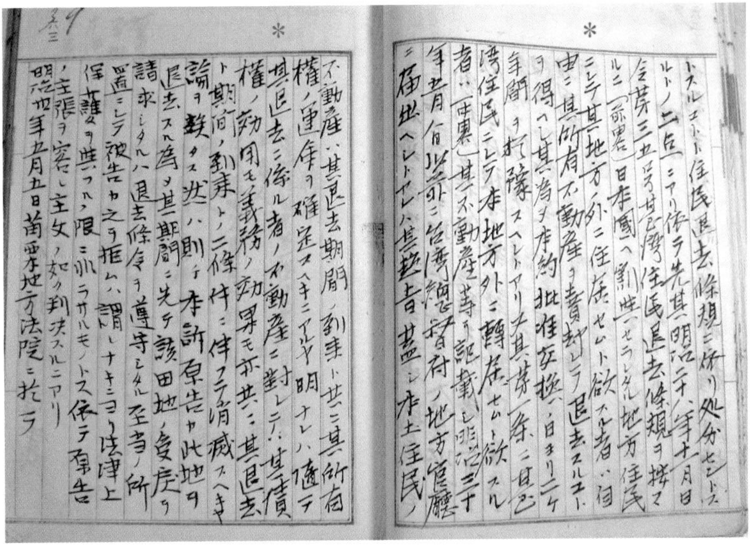

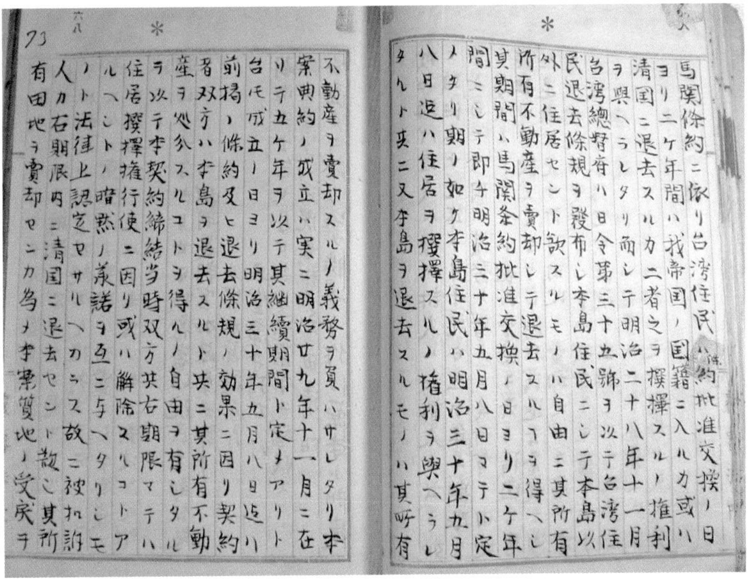

圖3-2：苗栗地方法院（上）與覆審法院（下）均判認，欲離去台灣者得不顧出典期限，取回不動產進行處分，足見法院系統支持總督府的自由退去政策。

來 源：國立臺灣大學圖書館特藏組「日治法院檔案資料庫」。

同時，日本在台統治當局必須以更積極的作爲，來確認哪些人是屬於《馬關條約》第五條所指稱之台灣「土地上住民」。作爲新的外來統治機關的臺灣總督府，由於無法從先前統治台灣的清朝政府獲得詳細的人口資料，故於日軍在北台灣登陸後不久的一八九五年七月，即展開對台灣住民的戶籍調查，然而連台北城內的治安都尚未上軌道，故該項調查成效很有限。在臺灣總督府號稱在台「始政」之後的一八九六年二月，台灣總督命令軍方在台灣全島展開兼具「討伐土匪」、沒收武器之意涵的戶籍調查，但實際上僅僅得以大概推算出全台的戶數而已。是以一八九六年八月先以告示表示：「欲受政府之保護而各安其堵，須證明爲本島住民，此即戶籍必要之所在」，再依訓令第八五號《臺灣住民戶籍調查規則》第一條，命憲兵與警察機關，於一八九六年九月起至同年十二月三十一日止的期間內，調查轄區內各戶之戶主、家屬成員的姓名、年齡、關係及其他項目，以編製戶籍。換言之，總督府希望至少能有全台「住民」的名單，惟當時進行全台性調查所需的經費及人力均不足，且治安狀況仍不佳，故某些地方仍非此次調查所能涵蓋。【6】

前述「戶籍」的編製，與國籍之認定具有一定的關連性。臺灣總督府於一八九六年八月著手調查台灣住民「戶籍」的同時，在內部已提出一份《臺灣住民國民身分令》律令草案，其理由書謂：「《馬關條約》第五條第一項明定臺灣住民於條約換文後仍視爲清國臣民，未視爲日本國民。至明治三十年（按：一八九七年）五月八日止，依日本國之便宜，日本有將臺灣住民視爲或不視爲日本臣民之自由。故如擬賦予臺灣住民日本國臣民之身分，須由具有法律效力之臺灣總督命令明示之」【7】在此，總督府亦就台灣住民在可爲國籍選擇的兩年過渡期間內，究竟已具有日本國籍或仍具有清國國籍的學說法上爭議，【8】表達其採取「仍具有清國國籍」的立場。當時民間對一八九七年五月八日之後的情形似多所揣測、惶惶不安，故一八九七年一月二十二日民政局長水野遵到苗栗巡視時，曾召喚當地紳民一百二十餘人至天后宮告諭「我總督府施政之要」計九條，其第一條謂：「本年五月八日定爲臺灣民人所決去就之期，此期一過，乃皆入我日本帝國臣民之籍，我總督府無論日人臺人，一視同仁……。爾等民人各宜體認斯旨，勿惑流言。」【9】至一八九七年二月下旬日本中央政府在覆文中表示，有關台灣住民國籍處理一案，無須以具有法律效力的律令爲之。【10】總督府因而於同年三月十九日以法律性質上僅屬「行政規則」的內訓，【11】發布《臺灣住民身分處理辦法》（民內第三九四號，其日文名稱爲「臺灣住民分限取扱手續」）。【12】

於一八九七年五月八日台灣住民的國籍選擇，即是透過《臺灣住民身分處理辦法》

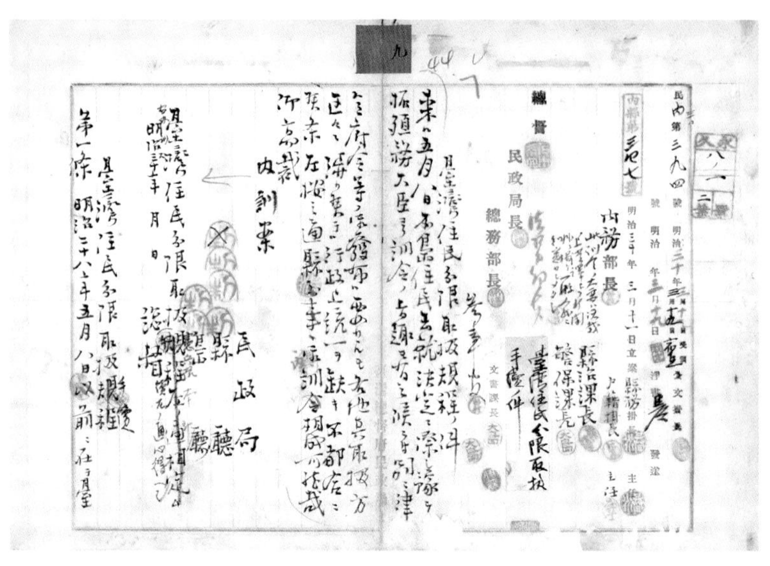

圖3-3：用以解決台灣住民國籍選擇問題的《臺灣住民身分處理辦法》。
來 源：國史館臺灣文獻館提供。

此一內訓來解決。其內容與最早的《臺灣住民國民身分令》草案大致相同，可簡述爲如下幾點。【13】（一）明治二十八（一八九五）年五月八日前，於台灣島及澎湖列島有一定住所者，即係「台灣住民」（該處理辦法第一條）；因台灣的戶籍不完整，難以做更詳細之限定，故來自清國之短期勞動者，只要具備該條件即賦予其國籍選擇權。（二）至明治三十（一八九七）年五月八日爲止，未積極遷出之台灣住民，即被視爲日本國臣民，惟「有土匪嫌疑之人和可能妨害治安之人」除外；在台灣無一定住所，包括五月八日前雖有一定住所但現在（一八九七年五月八日）已無一定之住所者，亦不被視爲日本國臣民。（三）國籍選擇權限賦予戶主，如戶主不成爲日本國臣民，其家屬亦同。（四）不選擇作爲日本國臣民的台灣住民，除去其戶籍。換言之，在台僅短暫居留的勞工也獲國籍選擇權，且台灣住民可用「不遷離台灣」的方式，表示其已選擇了日本國籍，雖日本政府在法律上仍保有拒絕給予日本國籍的權力。（故後述一九一〇年十二月時得以對在台灣有本籍的台灣籍民予以除籍），不過如水野遵所做「皆入」日本國籍的宣示，事實上幾無拒絕給予國籍之例。

於日治初期，能依條約上國籍選擇條款及臺灣總督府相關法令而取得日本國籍者，僅限於在台灣的漢人及已被漢化的平埔族人，亦即日治時期法制上所稱的「本島人」。雖《馬關條約》第五條係規定割讓「土地上住民」得選擇國籍，並未明文排除所謂「未開化或半開化民族」，但臺灣總督府在執行該條款時，卻將實際上尚未被日本政府納入統治（無從調查其人口狀況）、被稱爲「生蕃」或「蕃人」的高山族原住民排除於「台灣住民」的概念之外，未賦予彼等國籍選擇權。【14】須待一九一五年五年理蕃計畫結束，台灣殖民地政府已可控制大部分的蕃地之後，方視高山族原住民爲具有日本國籍的臣民。【15】依日治晚期學者之見解，高山族原住民族乃是另依日本的《國籍法》，而非依前

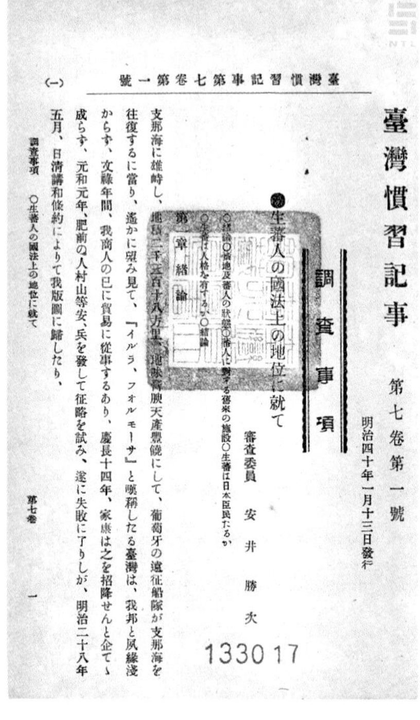

臺灣慣習記事

第七卷第一號

明治四十年一月十三日發行

調査事項

●生蕃人の國法上の地位に就て

審査委員 安井勝次

○緒論○蕃地及蕃人の狀態○蕃人に對する舊來の施設○生蕃は日本臣民たるか○生蕃は人格を有するか○結論

第一章 緒論

支那海に雄峙し、地積二千五百十八方里、地味膏腴天產豐饒にして、葡萄牙の遠征船隊が支那海を往復するに當り、遙かに望み見て、『イルラ、フォルモーサ』と喚稱したる臺灣は、我邦と夙縁淺からず、文祿年間、我商人の已に貿易に從事するあり、慶長十四年、家康は之を招降せんと企てゝ成らず、元和元年、肥前の人村山等安、兵を發して征略を試み、遂に失敗に了りしが、明治二十八年五月、日淸講和條約によりて我版圖に歸したり、

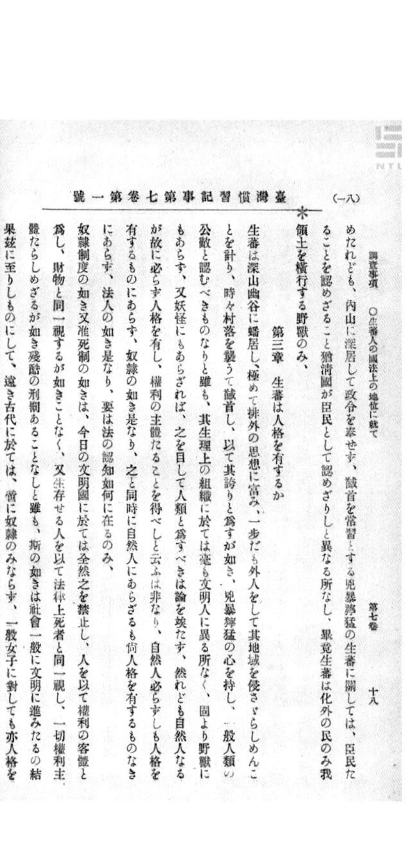

めたれども、內山に深居して政令を奉せず、馘首を常習とする兇暴獰猛の生蕃に關しては、臣民たることを認めざること猶淸國が臣民として認めざりしと異なる所なし、畢竟生蕃は化外の民のみ我領土を横行する野獸のみ、

第三章 生蕃は人格を有するか

生蕃は深山幽谷に蟠居し、極めて排外の思想に富み、一歩だも外人をして其地域を侵さゞらしめんことを計り、時々村落を襲うて馘首し、以て其誇りと爲すが如き、兇暴獰猛の心を持し、一般人類の公敵と認むべきものなりと雖も、其生理上の組織に於ては毫も文明人に異る所なく、固より野獸にもあらず、又妖怪にもあらざれば、之を目して人類と爲すべきは論を竢たず、然れども自然人なるが故に必らず人格を有し、權利の主體たることを得べしと云ふは非なり、自然人必らずしも人格を有するものにあらず、奴隸の如き是なり、之と同時に自然人にあらざるも尙人格を有するものなきにあらず、法人の如き是なり、要は法の認知如何に在るのみ、

奴隸制度の如き又准死制の如きは、今日の文明國に於ては全然之を禁止し、人を以て權利の客體と爲し、財物と同一視するが如きことなく、又生存せる人を以て法律上死者と同一視し、一切權利主體たらしめざるが如き殘酷の刑罰あることなしと雖も、斯の如きは社會一般に文明に進みたるの結果茲に至りしものにして、遠き古代に於ては、啻に奴隸のみならず、一般女子に對しても亦人格を

圖3-4：安井勝次將高山族原住民視為領土上的「野獸」，不承認其為現代法上作為權利主體的「人」。

來 源：《臺灣慣習記事》第7卷第1號（1907年1月），國立臺灣圖書館提供。

圖3-5：1895年9月21日人在泉州的許經烟，寫信給在鹿港的母親黃井的家書中，提到他在唐山風聞「日本得聖〔勝〕者，將台之男人尽迁去日本，又聞女人对換」的流言。

來 源：中央研究院臺灣史研究所檔案館提供。

述條約上國籍選擇，取得日本國籍。【16】

然而，就算是得以選擇國籍的在台漢人與平埔族人，亦即日治後逐漸在社會上形成的「台灣人」，究竟在做什麼樣的「選擇」呢？據一八九七年台灣本地的報紙所載，在國籍選擇的兩年過渡期間，台灣人社會中流傳著，若選擇日本國籍即須承擔日本的兵役義務、被徵收人頭稅、家屋稅等，且將被強制改變生活習慣，例如禁止辮髮、纏足、吸食鴉片等，乃至禁止渡航至台海對岸的故鄉；還有奸商趁社會混亂，企圖以廉價購買田園或家屋等。【17】這些虛虛實實的傳言，說明了沿襲前述十九世紀漢族法律觀的台灣人所在意的，似乎不是西方的國籍概念中的國家認同與忠誠，而是生活方式與財產利益上的利弊得失；基於所謂「華夷之辨」堅拒日本國籍者，就算有，恐亦非普遍現象。在利弊衡量上，如果選擇日本國籍，原則上只要消極地不遷離台灣即可（除非日本政府拒絕給予國籍），故原有的生活基礎，包括土地等產業，可繼續擁有，但須忍受日本外來統治者可能的暴政。若選擇清國國籍，則必須遷離台灣，且將其不動產所有權移轉給具有日本國籍者。對大多數在台灣的漢人而言，選日本國籍僅有潛在的風險，選清國國籍則有立即而明顯的損失，除非另有選清國國籍方可參加科舉以獲官位的利益，【18】或者在台灣本就沒有什麼產業可損失。

因此，在國籍確定日一八九七年五月八日前四天的台南，據當時的報導所稱，欲離開台灣者約有三千五百人之多，其擬從安平搭乘汽船前往廈門。有些人等不到下一班船，就自己包租戎克船。結果自四月十七日至二十日的短短四天內，離開台南的人數達到一千多人。離開台灣的人大致上屬於中層階級以上，並在台海對岸有財產、親戚等，無家產的下層階級因無儲蓄而無法或本就沒打算離開台灣。離去台灣的人們留下來的家具或家屋，大概以十分之一的價錢被買下來。也有很多商人，因台南剛好碰上鼠疫流行而沒生意，爲避鼠疫之災難而選擇離開。是以當時即有人預測，遷回對岸的人士若知道其所擔心者只是不實的傳言，或鼠疫流行已結束，則應該會再度回來台灣住。【19】

台灣在日治之初，確實有去而復返的人口流動。起初為避戰火或動亂而一時避難到對岸泉州、漳州等地的台灣住民（參見《臺灣住民身分處理辦法》第一條的定義），已於政局相對安定後陸續歸來，自一八九六年四月至一八九七年三月計有九千四百八十二人。日本駐廈門領事對於彼等之請求前往台灣，只要在知名人士保證下，確認其原居住於台灣，即發給渡台所需的證明書。【20】

在一八九七年五月八日的最終期限前，已向總督府申報「退去」而離開台灣，選擇清國國籍者，【21】只有約四千五百人，包括台北縣一千八百七十四人、台中縣三百零一人、台南縣有二千二百人以上、澎湖廳八十一人，若以當年度台灣總人口為二百八十萬來計算，僅占百分之〇．一六。【22】不過，未向日本統治當局申報，逕自前往中國大陸者，應該不乏其人。另有一項研究指出，在這時候約有十萬人離開台灣，但其後有五萬人返回台灣，又有三萬人因中國動亂以及臺灣總督府的優待政策而回台灣，故離開台灣後不再回來者只有二萬人。【23】總的看來，當時的台灣住民中，最終選擇清國國籍者相當少。

依臺灣總督府在一八九六年底所為台灣住民去留狀況調查顯示，農工業者及富商幾乎都留住台灣，但是士紳之家則留住台灣與前往清國者約各半。【24】當時台灣鉅富且深具

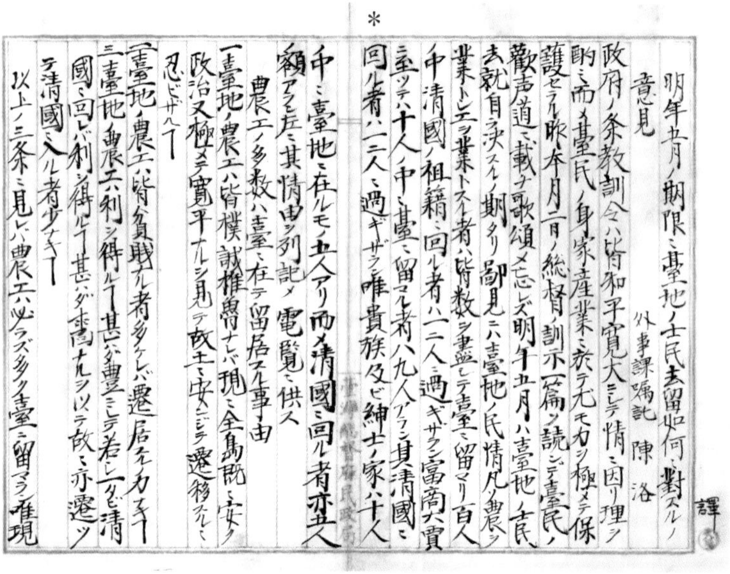
明年五月ノ期限ニ臺地ノ士民去留如何ニ對スルノ
意見　外事課囑託　陳洛
政府ノ条教訓令ハ皆和平寛大ニシテ情ニ因リ理ヲ
酌ミ而メ臺民ノ身家産業ニ於テ尤モ力ヲ極メテ保
護セラル昨本月二日ノ総督ノ訓示一篇ヲ讀ンデ臺民ノ
歡声道ニ載チ歌頌メ忘レズ明年五月ハ臺地ノ士民
去就自ラ決スルノ期タリ鄙見ニハ臺地ノ民情凡ソ農ヲ
業トシ工ヲ業トスル者ハ皆数ヲ盡シテ臺ニ留マリ百人
ノ中清國ノ祖籍ニ回ル者ハ一二人ニ過ギザラン富商大賈
ニ至ツテハ十人ノ中ニ臺ニ留マル者八九人ナラン其清國ニ
回ル者ハ一二人ニ過ギザラン唯貴族及ビ紳士ノ家ハ十人
ノ中ニ臺地ニ在ルモノ五人アリ而メ清國ニ回ル者亦五人
額アラン左ニ其情由ヲ列記メ電覧ニ供ス
農工ノ多数ハ臺ニ在テ留居スル事由
一臺地ノ農工ハ皆樸誠椎魯ナレバ現ニ全島既ニ安ク
政治又極メテ寛平ナルヲ見テ故土ニ安ンジテ遷移スルニ
忍ビザルナリ
一臺地ノ農工ハ皆貧賤ナル者多ケレバ遷居スルノ力ナキナリ
一臺地ノ農工ハ利ヲ得ルコト甚ダ豊ニシテ若シ一タビ清
國ニ回レバ利ヲ得ルコト甚ダ薄ナルヲ以テ故ニ亦遷ツ
テ清國ニ入ル者少ナキナリ
以上ノ三条ニ見レバ農工ハ必ラズ多ク臺ニ留マラン唯現

圖3-6：任職總督府外事課的陳洛對台民去留的民情觀察：貴族與士紳留在台灣與前往清國者各半。

來 源：國史館臺灣文獻館提供。

影響力的板橋林家的林維源，雖舉家移居廈門，但仍留兩位兒子在台灣，以取得日本國籍，俾能將林家擁有的不動產登記於其名下，似乎比較是從分散風險，而非華夷之辨的考量所做的決定。與此相類似的例子還不少。[25]此外，有些家族先由戶主一個人前往對岸，其他家人則留住台灣，採取觀望之態度。如前所述，倘若戶主未取得日本國籍，則家屬無從單獨取得日本國籍，故總督府對此類案件只好先確定其他家人的國籍，而以戶主臨時去

旅行爲由待其返台後再辦理。【26】

其實在國籍選擇的限期屆滿之後，原已離去的台灣住民，若申請「入籍」（入日本國籍），總督府方面也願意給予通融，但認定上似漸趨嚴格。臺灣總督府一八九八年十月二十八日內訓第四九號《有關臺灣住民戶籍處理之件》表示，本島人於一八九七年五月八日前離開台灣者，近來往往有意成爲日本帝國臣民而提出請求，若經調查「認無不妥」，則特別「以戶籍編入遺漏處理之」。【27】可說是以「遺漏」爲名，規避有關國籍選擇期限之規定。惟一八九九年十二月十八日臺灣總督府已指出，爲了利用日本臣民資格而虛構不實情事，滋生弊害等時有所聞（參見後述），故對有特別理由而希望入籍者，地方長官受理時應進行嚴密調查，並儘速結案。【28】一九〇〇年五月七日內訓第六三號《有關臺灣住民編入國籍之件》，更進一步表示自今起凡有編入者，應向本總督稟議後處理之，【29】亦即將決策層級提升到台灣中央行政官廳（總督府）。

綜上可知，以堅持遷離台灣表達其選擇清國國籍之意願的台灣住民，在總人口中所占比率偏低。此一現象，與其說選擇者偏好日本國籍，不如說是在台漢人在台灣定居／落地生根的程度已相當高，故離去的意願較低。【30】可能沿襲自十九世紀後期中國東南沿海漢族之視國籍猶如謀利工具的觀念，絕大多數在台灣的漢人實出於生計或方便而「選

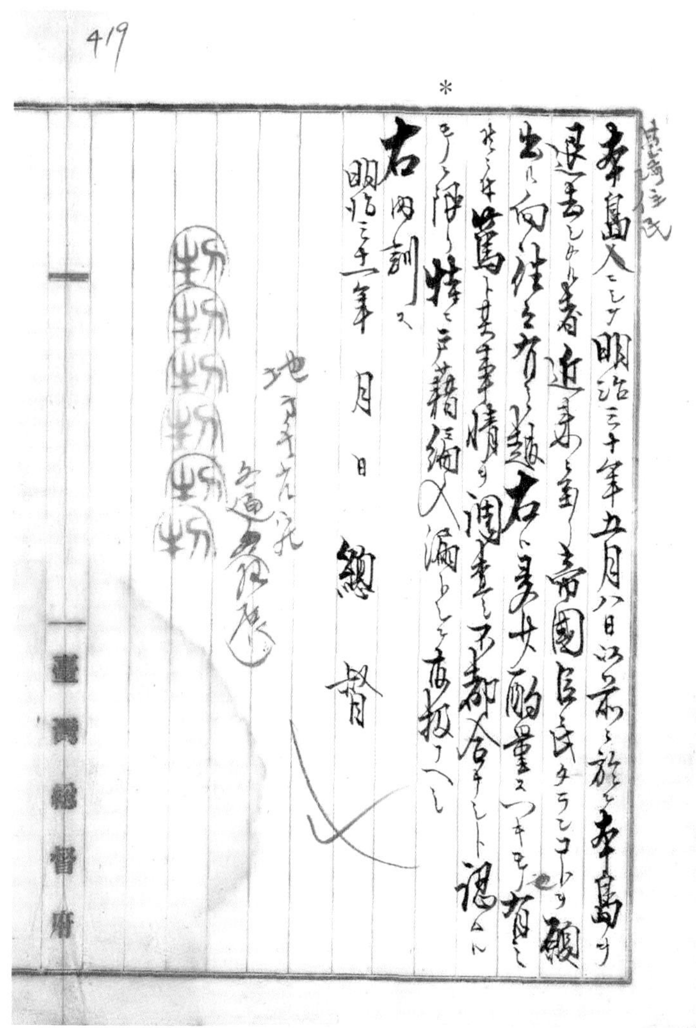
本島人ニシテ明治三十年五月八日以前ニ於テ本島ヲ
退去シタル者近来ニ至リ帝国臣民タランコトヲ願
出ル向往々有之趣右ハ多少酌量スヘキモノ有之
故ニ右等ハ篤ト其事情ヲ調査シテ不都合ナシト認ムル
モノハ特ニ戸籍編入漏トシテ取扱フヘシ
右内訓ス
明治三十一年　月　日　総督
地方長官宛
臺灣總督府

圖3-7：1898年10月總督府指示：對1897年5月8日前離開的臺灣住民，如有意成為帝國臣民，經調查後，可以戶籍編入遺漏為由，給與國籍。

來 源：國史館臺灣文獻館提供。

臺北縣旅券下附表

旅券番號	姓名	族籍	住所	年齡	目的	渡航地	旅券付與月日	備考
イノ部								
八二〇六五	一井房吉	大坂府平民	大稻埕建昌街一丁目[illegible]	廿五年	[illegible]	英領香港	六月四日	
ロノ部								
八二三五八	盧騰芳	新臣民	基隆福德街拾番戶	廿二年	商業	清國廈門	五月廿四日	
八二三八七	盧榮	仝	新竹東門保城隍廟[illegible]	廿七年	工業	清國泉州	六月一日	
八二〇三五	呂致雨	仝	艋舺歡慈市街[illegible]番戶	卅三年	家族引取	清國福州	六月四日	
八二一〇四	呂傳霖	仝	擺接堡枋橋街二百三十八番戶	卅四年	商業	清國廈門	六月十四日	
ハノ部								
八二三四二	橋本增太郎	熊本縣平民	台北府前街一丁目十七番戶	廿八年	商業	英領香港	四月二日	
八二〇五一	潘阿發	新臣民	擺接堡社后庄百五十四番戶	廿八年	仝	清國廈門	六月三日	
八二〇六一	莫沛然	仝	大稻埕南街式拾番戶	廿七年	省親	清國廈門	六月二日	
トノ部								
八二〇六九	杜水	新臣民	新竹城內北門保大街百五拾四番戶	五十八年	商業	清國廈門	六月廿四日	
チノ部								
八二四〇二	張源利	新臣民	艋舺頂新街七番戶	六十三年	親屬面會	清國泉州	四月廿八日	
八二〇五二	張木生	仝	擺接堡枋橋街四百三十一番戶	四十八年	商業	清國廈門	六月二日	
八二三七二	張貓梨	仝	大稻埕大龍峒百四十九番戶	四十年	仝	清國上海	六月九日	
八二[illegible]五八	張占鰲	仝	大稻埕南街十九番戶	四十五年	肺病療養	英領香港	仝	
八二一〇〇	張油	仝	艋舺土治后街三十一番戶	卅二年	兩親面會	清國泉州	六月十二日	
八一八三四	陳第四	仝	艋舺廈新街三十九番戶	廿七年	商業	清國福州	六月二十三日	
八一八三九	陳美	仝	艋舺土治后街四十九番戶	廿七年	仝	清國廈門	仝	
八一八四六	陳榮官	仝	大稻埕南街[illegible]番戶	廿五年	商業	清國福州	六月廿九日	
八一八四七	陳依俤	仝	台北府前街一丁目四十四番戶[illegible]	四十三年	家族引取	仝	六月三十日	
八二三九〇	陳桂	仝	新竹西門外三十九番戶	四十三年	仝	清國泉州		[illegible]

臺灣總督府民政局

圖3-8：1897年4月至6月總督府核發之旅券清冊，台灣人的族籍註記為「新臣民」。
來 源：中央研究院臺灣史研究所檔案館。

擇」了日本國籍，而非基於對日本這個國家的認同。

二、「台灣籍民」身分的出現及冒籍問題

在國籍選擇的兩年猶豫期間，台灣住民前往對岸的清國即須持有「旅券」（意指護照）。關於台灣住民前往台海對岸一事，臺灣總督府於一八九六年時已獲日本中央政府指示，依日本當時有關國民出境的規定辦理，故於一八九七年一月公布府令第二號《外國行旅券規則》，其規定前往清國須先經調查才能核發旅券，前往清國以外之地

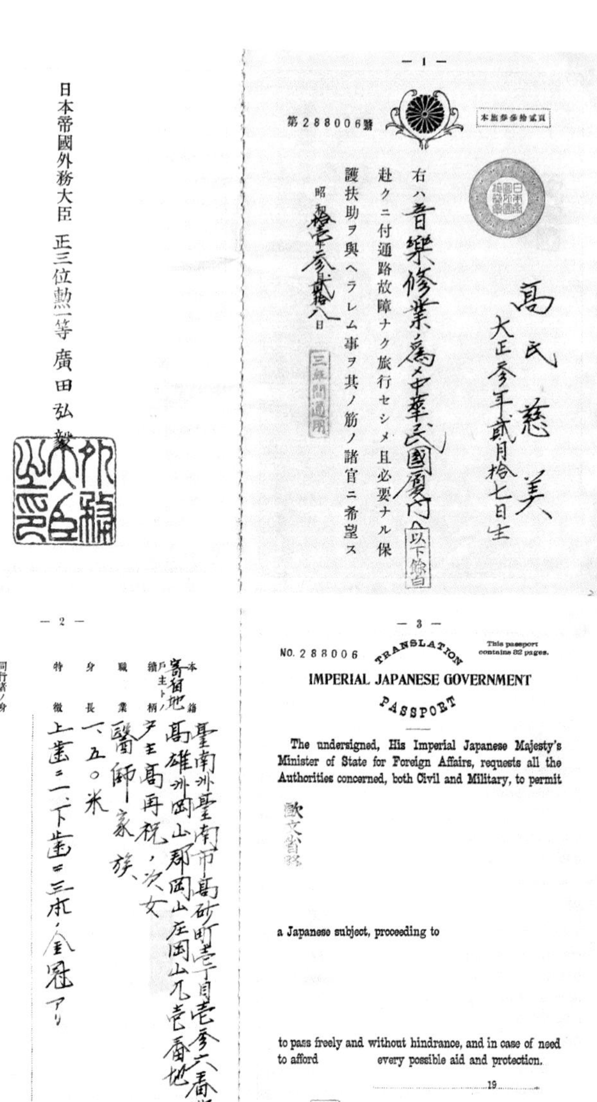

— 1 —

第288006號

本旅券參拾貳頁

高 氏 慈 美

大正參年貳月拾七日生

右ハ音樂修業為メ中華民國廈門（以下餘白）ニ赴クニ付通路故障ナク旅行セシメ且必要ナル保護扶助ヲ與ヘラレム事ヲ其ノ筋ノ諸官ニ希望ス

昭和拾壹年參月貳拾八日

三年間通用

日本帝國外務大臣 正三位勳一等 廣田弘毅

— 2 —

本籍 臺南州臺南市高砂町壹丁目壹參六番地

寄留地 高雄州岡山郡岡山庄岡山九壹番地

戶主トノ續柄 戶主高再祝ノ次女

職業 醫師ノ家族

身長 一、五〇米

特徵 上歯ニ一、下歯ニ三ケノ金冠アリ

同行者ノ身長及特徵

下付官廳 高雄州

所持人自署

— 3 —

NO. 288006 TRANSLATION

This passport contains 32 pages.

IMPERIAL JAPANESE GOVERNMENT

PASSPORT

The undersigned, His Imperial Japanese Majesty's Minister of State for Foreign Affairs, requests all the Authorities concerned, both Civil and Military, to permit

歐文省略

a Japanese subject, proceeding to

to pass freely and without hindrance, and in case of need to afford every possible aid and protection.

19

L.S.

圖3-9：台南人高慈美於1936年持「大日本帝國外國旅券」（PASSPORT OF JAPAN），為修習音樂而前往「中華民國廈門」，其上有高雄出港、基隆入港、以及日本駐中國「廈門領事館」的戳記。

來 源：中央研究院臺灣史研究所檔案館提供。

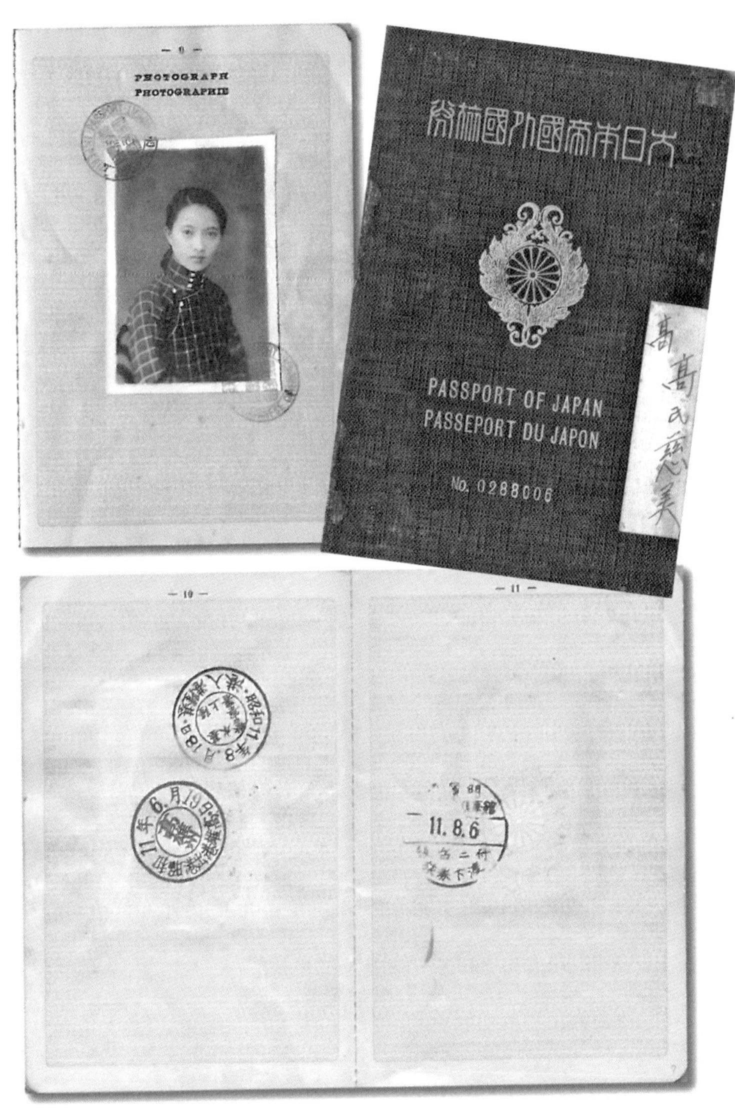
PHOTOGRAPH
PHOTOGRAPHIE
PASSPORT OF JAPAN
PASSEPORT DU JAPON
No. 0288006
11.8.6

方亦須準照日本人，而對其身家資產經歷及能力加以調查。【31】根據日本外務省外交史料館內，從一八九七年四月起申請赴廈門的旅券資料，可看出渡海到對岸的理由以探親、就業爲多。【32】

日本國內法上的台灣住民，在確定取得日本國籍後，前往中國或在國際社會裡即成爲「台灣籍民」。一八九七年五月八日以後，台灣人的國籍已確定地從清國／中國更換爲日本國，但與台海對岸的往來仍相當頻繁，這群短暫停留或長期居住於廈門、福州等中國領土的台灣住民，從此得到一個新的身分：「台灣籍民」。如前已述，當時在中國廈門等地早就存在擁有英國、美國、法國、荷蘭、西班牙、葡萄牙等國籍的海外華人，其在中國被稱爲「外國籍民」，當中有很多人掛起某某洋行的招牌，運用該等國籍所指涉之國在中國所享有的治外法權，經營生意。依日本領事的觀察，這些外國籍民對各該「外國」的國家情感蕩然無存，其欲免除對清國所負的國民義務，但對所屬國家也沒負擔何等義務，所以沒人願取得須接受徵兵義務的德意志國籍。【33】

來到廈門、福州、汕頭等地之已在一八九七年確定取得日本國籍的台灣人，很快的就了解日本國籍的好處。亦即擁有日本國籍者可比照取得英國等國籍者，享有免除釐金稅、落地稅或其他租稅賦課，以及治外法權等特權，還可運用其外表及語言文化等與當地中國人無異的優勢，前往中國禁止外國人進入的中國內陸地區（當時稱「內地地區」，指非通商口岸之地）進行商業活動。【34】於是台灣人樂於持臺灣總督府發給的赴中國旅券，至日本派駐廈門、福州、汕頭、上海等地領事館登錄為「居留民」，以顯示其具有日本國籍。就列強在中國之享有治外法權而言，清朝統治下的台灣人原本堪稱是「被害者」，此時卻因改由日本統治而某程度加入「加害者」的行列，【35】不再與在中國的漢人「命運共同」。

這些來自台灣之在中國的「外國籍民」，即被稱為「台灣籍民」。在日本外交文書內經常可看到「臺灣籍」一詞，從日本國的立場，這當然非指國籍，而毋寧是指「殖民地籍」，「台灣」也因此成為這個殖民地政治共同體的專屬名稱。復由於日本的國內法/殖民地法制上有內地人與本島人之區分（參見前述），日本派駐中國的外交人員即以「台灣籍民」指稱居留於外國（日本以外之國）之日本法律上稱為「本島人」的台灣人，以之與本籍在內地而居留於外國之日本法律上稱「內地人」的日本人相區隔，【36】而不以兩者同樣具日本國籍而一律稱為「日本籍民」。此再次顯現台灣人在日本的國內法上是「外地人」，但在國際法上卻是「本國人」。按台灣人若居留於中國之外的外國，亦被稱為「台灣籍民」。例如，一九一四年時大稻埕人傅建發前往法屬安南的西貢，以

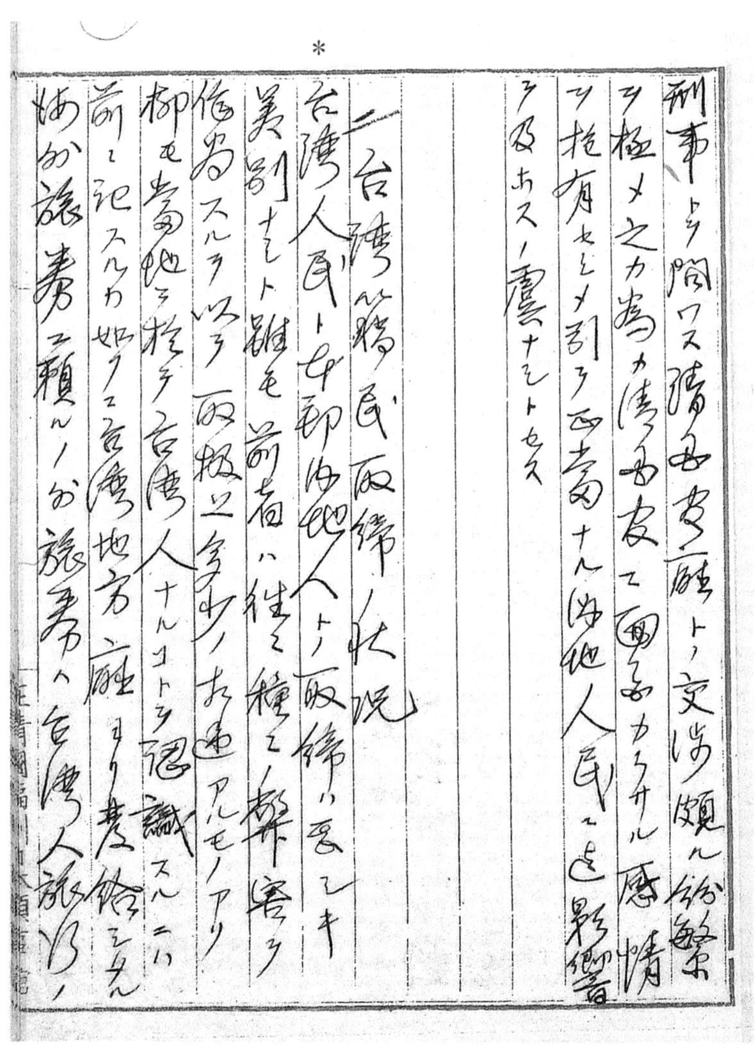

刑事上ノ問ハス種々支那トノ交渉頻ル紛繁
ヲ極メ之カ為カ清国官吏ニ面白カラサル感情
ヲ抱有セシメ引テ当ナル内地人民ニ迄影響
ヲ及ホスノ虞ナシトセス

二、台湾籍民取締ノ状況

台湾人民トモ即内地人トノ取締ハ区ヒキ
差別ナシト雖モ前者ハ往々種々ノ弊害ヲ
惹起スルヲ以テ取扱上多少ノ手加減アルモノアリ
抑モ当地ニ於テ台湾人ナルコトヲ認識スルニハ
前ニ記スルカ如ク台湾地方庁ヨリ発給シタル
旅券ノ所持者ニ限ル又旅券ハ台湾人旅行ノ

圖3-10：日本的殖民地法制區分本島人與內地人，日本駐中國領事於是也以「台灣籍民」與「本邦內地人」進行區分，並無一律稱為「日本籍民」。

來　源：日本外務省外交史料館提供。

臺灣總督府所發的旅券證明其具有日本國籍，而得以免除當地的人頭稅，這是申報為中國籍時所沒辦法享受到的好處。【37】

在有利可圖的情形下，不僅是來自台灣的漢人，連就住在中國的漢人也想取得日本國籍。按清代晚期的中國，本來就有假冒外國籍民以獲利之中國在地人（亦即不願與其他中國在地人「命運共同」）。甚至不少在地中國人，竟一人擁有三或四個國籍。【38】在廈門的這類人以前經常冒充英籍，如今冒充台灣籍民似較方便卻同樣好用。【39】早在一八九七年四月十七日，日本派駐廈門的領事，就以英國在香港所實施者為例，向外務省呈報：為了防止清國人「假冒」台灣籍民的身分，在旅券上必須附加相片。【40】可見早在這個時候就已存在中國在地人冒充台灣人之事，其手法經常是持不眞實的臺灣總督府所發旅券，前往領事館要求登錄為台灣籍民。

中國在地人假冒台灣籍民的動機，除了藉日本國民的身分以逃避向清朝政府繳稅、不受當地官吏的欺壓，以獲得生命財產上安固與營業上方便之外，還有一些人是因有不法犯行而欲藉此逃避清朝法律制裁。【41】一九〇〇年臺灣總督府的民政長官後藤新平到對岸廈門、福州訪問時，清朝地方官即曾不滿地表示，在當地犯法之人逃亡到台灣後獲得台灣籍，以致再也無法追究其犯行。【42】不過，為避免遭清朝政府逮捕而來到台灣者，也

有可能仍維持清國人身分，例如來台後再返回中國、曾任中國國民政府主席的林森。【43】

如前所述，臺灣總督府在國籍選擇限期屆滿後，允許以先前「戶籍編入遺漏」爲由辦理「入籍」，以彌補因戶口調查不夠精準導致有些台灣人未取得日本國籍之憾，但此項入籍的措施，也給了假冒者一個投機取巧的機會或管道。【44】按臺灣總督府有意拓展其在台海對岸廈門等地的勢力，故認爲若因此能吸納廈門等地有力人士與臺灣總督府合作也不錯，甚至曾建議制定稱爲《臺灣歸化法》的法律，以給予在中國的協力者日本國籍，但並未被接受。也因此，臺灣總督府對於前揭取巧管道，並不強烈排斥。惟日本中央政府派駐廈門等地的領事卻不這麼想，倒是認爲尋求歸化日本的清國人不外乎兩種人，一是想藉此圖謀個人利益者，一是作奸犯科而想逃脫清朝法網追捕者，因此質疑：給予日本國籍而使其享有條約上特權，眞的對日本國有利嗎？爲了守護這些人的利益而忙煞領事館，對外交來講眞的有益嗎？由此可知，日本的外務省（駐外領事）與臺灣總督府之間，對於讓中國在地人取得台灣籍民身分一事，存有不同的政策思維與現實利益考量。【45】

依一九〇七年廈門領事的報告，在廈門的台灣籍民，於人數上與五年前相比已增加了兩倍，即一千三百人，其中大部分是以曾在台灣短暫居留而（辦理「入籍」）取得了

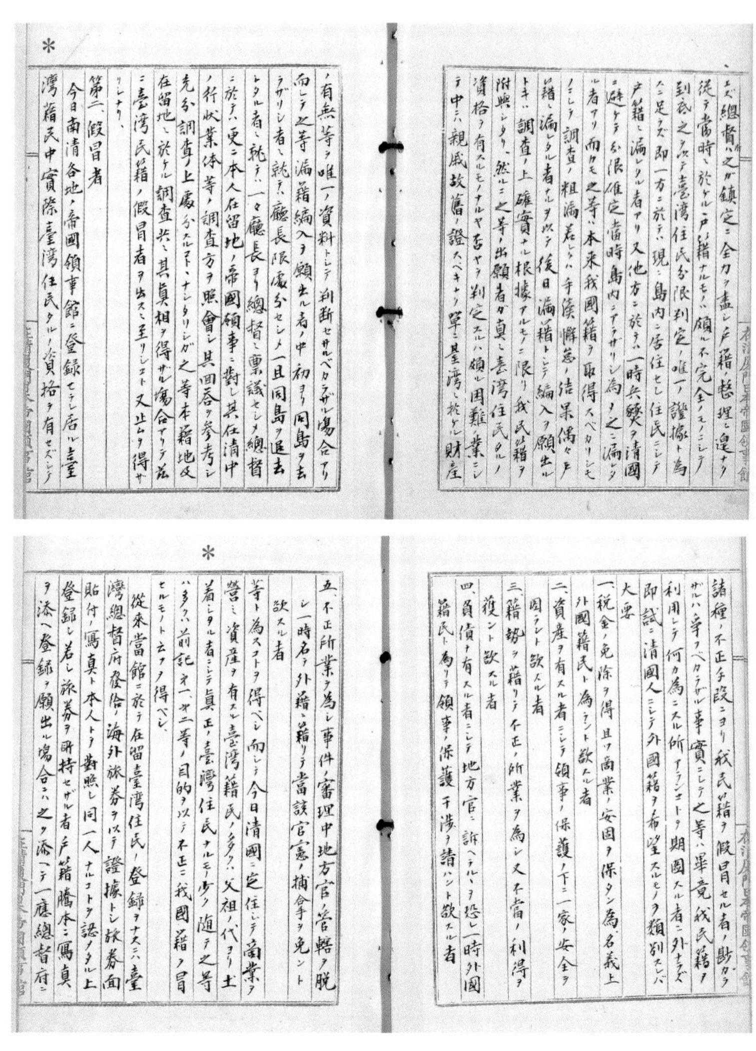

ヱズ總督ハ之ガ鎮定ニ全力ヲ盡シ戸籍ノ整理ニ遑ナク從テ當時ニ於ケル戸籍ナルモノハ頗ル不完全ノモノニシテ到底之ノミヲ以テ臺灣住民タル限リ判定ノ唯一ノ證據ト為スニ足ラズ即一方ニ於テハ現ニ島内ニ居住セシ住民ニシテ戸籍ニ漏レタル者アリ又他方ニ於テハ一時兵變ヲ清國ニ避ケテ分限確定當時島内ニアラザリシ為メ之ニ漏レタル者アリ而カモ之等ハ本來我國籍ヲ取得スベカリシモノニシテ調査ノ粗漏若シクハ手續懈怠ノ結果偶々戸籍ニ漏レタル者ナルヲ以テ後日漏籍トシテ編入ヲ願出ルトキハ調査ノ上確實ナル根據アルモノニ限リ我民籍ヲ附與シタリ然ルニ之等ノ出願者ガ真ニ臺灣住民タルノ資格ヲ有スルモノナルヤ否ヤヲ判定スルハ頗ル困難ナル業ニシテ中ニハ親戚故舊ノ證スベキナク單ニ臺灣ニ於ケル財産ノ有無等ヲ唯一ノ資料トシテ判斷セザルベカラザル場合アリ而シテ之等漏籍編入ヲ願出ル者ノ中初ヨリ同島ヲ去ラザリシ者ニ就テハ廳長限處分セシメ一旦同島ヲ退去シタル者ニ就テハ一々廳長ヨリ總督ニ稟議セシメ總督ニ於テハ更ニ本人在留地ノ帝國領事ニ對シ其在清中ノ行状業体等ノ調査方ヲ照會シ其回答ヲ參考シ充分調査ノ上處分スルコトヽナシタリシガ之等本籍地及在留地ニ於ケル調査共ニ其眞相ヲ得ザル場合アリテ茲ニ臺灣民籍ノ假冒者ヲ出スニ至リシコト又止ムヲ得サリシナリ、

第二、假冒者

今日南清各地ノ帝國領事館ニ登錄セラレ居ル臺灣籍民中實際臺灣住民タルノ資格ヲ有セズシテ諸種ノ不正手段ニヨリ我民籍ヲ假冒セル者ノ尠カラザルハ爭フベカラザル事實ニシテ之等ハ畢竟我民籍ヲ利用シテ何カ為ニスル所アランコトヲ期圖スル者ニ外ナラズ即試ニ清國人ニシテ外國籍ヲ希望スルモノヲ類別スレバ大要

一、税金ノ免除ヲ得且ツ商業ノ安固ヲ保タン為メ名義上外國籍民ト為ラント欲スル者

二、資産ヲ有スル者ニシテ領事ノ保護ノ下ニ一家ノ安全ヲ図ラント欲スル者

三、籍勢ヲ籍リテ不正ノ所業ヲ為シ又不當ノ利得ヲ獲ント欲スル者

四、負債ヲ有スル者ニシテ地方官ニ訴ヘラルヽヲ恐レ一時外國籍民ト為リテ領事ノ保護干渉ヲ請ハント欲スル者

五、不正所業ヲ為シ事件ノ審理中地方官ノ管轄ヲ脱シ一時名ヲ外籍ニ籍リテ當該官憲ノ捕拿ヲ免レント欲スル者

等ト為スコトヲ得ベシ而シテ今日清國ニ定住シテ商業ヲ營ミ資産ヲ有スル臺灣籍民ノ多クハ父祖ノ代ヨリ土着シタル者ニシテ眞正ノ臺灣住民ナルモノ少ク随テ之等ハ多クハ前記第一、第二等ノ目的ヲ以テ不正ニ我國籍ヲ冒セルモノト云フヲ得ベシ、

從來當館ニ於テ在留臺灣住民ノ登錄ヲナスニハ臺灣總督府發給ノ海外旅券ヲ以テ證據トシ旅券面貼付ノ寫眞ト本人トヲ對照シ同一人ナルコトヲ認メタル上登錄シ若シ旅券ヲ所持セザル者戸籍謄本ニ寫眞ヲ添ヘ登錄ヲ願出ル場合ニハ之ヲ添ヘテ一應總督府ニ

圖3-11：在廈門領事館登錄為「台灣籍民」者，真正的「台灣住民」很少，很多是中國在地人假冒。

來　源：日本外務省外交史料館提供。

日本國籍，但實與台灣沒什麼關係，其欲長久定居於中國，只圖利用台灣籍民之身分免於中國地方官的干涉，僅有少數確係台灣住民而來到廈門居住者。【46】一九〇八年福州領事在給臺灣總督府的報告中亦指出，其只能對照本人與總督府所發旅券上照片是否一致，來認定台灣籍民與否，結果卻是眞正爲台灣住民者十人中只有一、二人而已，其他絕大多數看來都是生下來就一直與台灣沒任何關係的純粹福州住民。且在福州當地取得台灣籍的「價格」（賄賂）行情節節高升，一九〇二年時只要五圓，到了一九〇八年已漲到一百圓。【47】換言之，當時因具有日本國籍而可認係台灣籍民者，其實大多數是中國的在地人；台灣人是台灣籍民，但台灣籍民事實上不全然是台灣人。此再次印證一般漢人對近代西方法制上的國籍，抱持著無所謂、可藉以牟利的心態。

就在前述的社會氛圍底下，中國於一九〇九年三月出現了第一部現代的國籍法。如論者所述，一九〇九年清朝政府參考近代西方的國籍制度制定了《大清國籍條例》以及《大清國籍條例施行細則》，除了作爲法律現代化/西方化事業的一部分外，主要是因爲荷蘭擬制訂新法使住在印尼殖民地的華人取得荷蘭國籍，此可能將導致清朝無法再享受這些海外華人勞動所得的經濟利益，故清廷在國籍法上採取血統主義，規定凡中國之父母所生者即爲中國人，且只要未獲清廷批准出籍而入外國籍，仍視爲中國國籍，以盡量讓擁有華人血統者取得中國國籍，並使華僑獲得雙重國籍。【48】若依近代西方的國籍觀念，雙重國籍必然引發對於該兩國忠誠義務的相互衝突，但原無西方之國籍觀念的清朝官員，似對此不以爲意，而仍以政治上考量爲重。

《大清國籍條例》擬使作爲主權國家的中國，就其對內統治與對外保護的對象明確化，故產生前往中國之具有華人血統的台灣人，以及前述經由臺灣總督府辦理「入（日本）籍」的中國在地人，是否因該國籍條例的制定而擁有中國國籍，並受中國政府管轄的問題。早在一九〇一年，日本外務省即曾詢問清朝外務部關於清國人歸化日本、是否喪失清國國籍的問題，當時清朝政府的回覆是：人民歸化寄留國時任其自便並不禁止、是否喪失清國國籍沒有其他規定。一九〇七年時，日本派駐汕頭領事亦曾向外務省爲如下請示：居留當地的台灣籍民大多數爲汕頭在地人，但利用變通的手段獲得日本國籍，其經常在中國非屬通商口岸之地擁有土地房舍等不動產，一旦這些台灣籍民的不動產引發紛爭時應如何處理？當時外務省回以：依條約很難予以保護，希見機與中國地方官協商。不過，至一九〇九年二月時，外務省又表示：台灣籍民過去在中國已擁有的所有權，不應因國籍變更而生變；由於《馬關條約》中只要求離開台灣而前往清國者處分在台產業，並沒要求留在台灣者處分在中國的產業，故日本官方就台灣籍民在中國的產業不能棄而不顧。【49】按日本外務省從維護日本之國籍管轄的立場，縱令明知台灣籍民中很多是中國在地人，仍基於彼等在法律上擁有日本國籍，而給予外交保護。況且台灣人出於祖產等因素在中國內陸地區擁有不動產者不少，這些台灣人確實需要以具有日本國籍而請求日本政府保護其財產。

有鑑於許多中國在地人冒充外國籍民（含台灣籍民）以規避管轄，一九〇九年三月中國所頒行的《大清國籍條例》不但就拋棄國籍採許可主義，且在《大清國籍條例施行細則》第四條規定：實施《大清國籍條例》以前未經許可而取得外國籍，但在不屬通商口岸的中國內陸地區享有居住、營業或是擁有不動產等中國國民特有之權利者，視同具有中國國籍。如此一來，形同承認雙重國籍，必將引發享有治外法權的各國對外國籍民的管轄權，與中國對國民的管轄權相互衝突，並導致日本在廈門、福州、汕頭等地的領事館，就台灣籍民的管轄與中國地方官迭生爭議。【50】如上所述依中國方面的法律，外國人不得在通商口岸之外的中國內陸地區擁有不動產。然而台灣人之取得日本國籍，係中日兩國爲結束戰爭而簽署和平條約所導致的，縱使形式上有所謂「國籍選擇」，終究非人民個別自願地依國籍歸化程序而變更國籍。倘若台灣人因該項國籍變更即不得繼續擁有或繼承在中國福建、廣東等原鄉的不動產，實不合情理。中國方面僅爲了打擊中國在地人之冒籍圖利而做此規定，未顧及如此將對台灣人造成不公，日本方面當然必須抗議，但日本統治當局之未能防止冒籍甚或包庇，恐亦難辭其咎。

一九〇九年四月，亦即中國頒行前述國籍法規之後，在汕頭發生台灣籍民邱金秀返鄉掃墓時，因墓地糾紛而遭清朝地方官員拘禁的事件。在此事件中，清朝地方官員即認爲既然邱金秀在非通商口岸的中國內陸地區擁有土地，就應視爲清國人來處理。而日本外務省於處理本件時，則一貫地認爲居留於在中國南部的台灣籍民，有一些是僞造事實而自臺灣總督府取得戶籍證明者，故請臺灣總督府調查邱金秀是否眞係帝國臣民。【51】此外，一九〇九年七月福州副領事也提出，男性台灣籍民擁有具有清國籍妻子時，該妻子的國籍問題亦須解決。【52】

於一九一〇年，日本駐中國南部各地領事館認爲有必要整頓在中國的台灣籍民，並淘汰由中國在地人冒充者，臺灣總督府方面亦表同意。一九一〇年三月廈門代理領事即曾提議，由於臺灣總督府依一九〇六年《戶口規則》所爲民籍調查係於一九〇七年三月底完成，故在中國的台灣籍民若所持旅券是在此後所發行的，則原則上即可斷定爲台灣人，否則只要領事館不能確認其爲台灣住民，則在臺灣總督府重新發給旅券前，不視爲台灣籍民。換言之，台灣之已完成較精密的人口調查，已使在中國的眞假台灣籍民問題

清國政府ニ於テ邱ハ清國臣民タルコトヲ主張スルナラハ執照ヲ下付シタル付自家族ハ看ナスヤ

經電達粵督去後、旋准復電、查邱金秀係鎮平縣文福鄉人、光緒三十四年七月間、據該民赴縣呈稱、祖父經商臺灣病故、光緒三十三年運骸回籍、契買廢壙、與父母合葬、仍復出臺、三十四年間、林華靈三等、平毀民墳、回家具控等情、隨據林華靈三徐于賓等呈訴、邱墳騎築徐林兩姓墳頂、經族紳理處、徐林兩姓將墳地出價伍拾元買回、並補給遷費貳拾元、經邱金秀繼祖母邱古氏、及邱金秀之妻徐氏、收清價銀、主契二張、交徐林兩姓收執等語、提集兩造質訊、供詞相符、當斷邱金秀將已賣墳壙起遷、抗不遵斷、經收候審所對質、因傳人證未齊、據番役報邱金秀患病、旋於十二月十九日交保人邱紹馨等保領醫治、查邱金秀在文

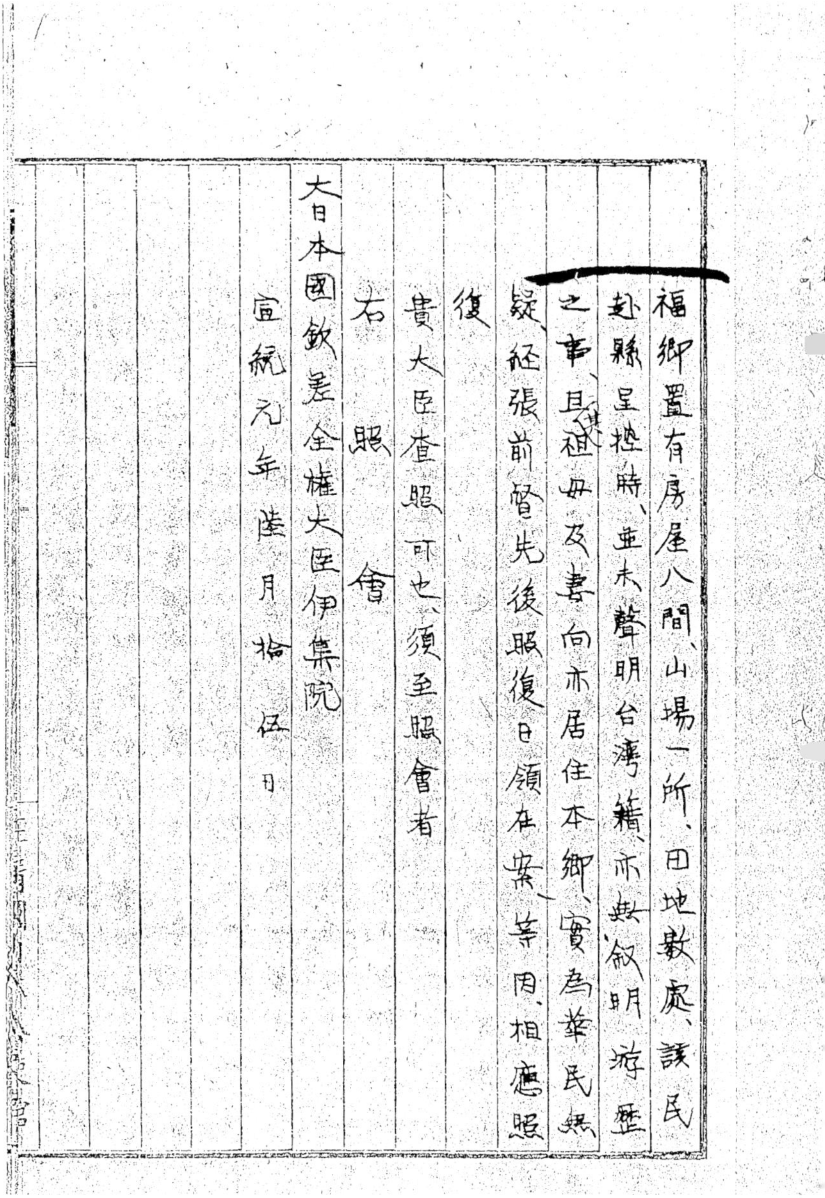

福鄉置有房屋八間、山場一所、田地數處、該民
赴縣呈控時、並未聲明台灣籍、亦無敘明游歷
之事、且其祖母及妻向亦居住本鄉、實為華民無
疑、經張前督先後照復、日領在案、等因、相應照
復
貴大臣查照可也、須至照會者
右　照　會
大日本國欽差全權大臣伊集院
宣統元年陸月拾伍日

圖3-12：清朝官員認為邱金秀在中國有房產、田地、山場，也未聲明是「台灣籍」，故將其認定是「華民」，即清國人。

來　源：日本外務省外交史料館提供。

的解決露出一線希望。當時福州領事也主張，應對於僞裝的台灣籍民，衡量他們的品行與恆產條件，來進行淘汰，臺灣總督府基本上也同意此一對策。【53】一九一〇年十二月，外務省經過與臺灣總督府交換意見後，確定了居住於華南三領事館（福州、廈門、汕頭）轄區內台灣籍民之取捨原則如下：【54】

（一）在領事館登錄爲台灣人但在台灣沒有本籍者，以往領事館已公開承認其爲台灣人，如今很難加以否認者，如果從其個人品性、技能與資產等條件考量，擁有我國籍〔按：指日本籍〕也不會有不妥時，應使其前往台灣，在臺灣總督府設立新籍後，再交付其旅券。〔按：底線爲筆者所添加，以下同。〕

（二）在領事館登錄爲台灣人但在台灣沒有本籍者，如果從其個人品性、技能與資產等條件考量，認爲使其擁有我國籍有害者，領事館應吊銷其旅券並註銷其登錄，並將相關情況通報臺灣總督府，總督府自亦不得再發行旅券予給該當事者。

（三）在領事館登錄爲台灣人且在台灣有本籍者，如果從其個人品性、技能與資產等條件考量，認爲使其擁有我國籍有害者，並且否定其爲日本籍也不會有所妨礙時，則由領事館照會臺灣總督府將之除籍，並在接到除籍通報後吊銷其旅券並註銷其登錄。

（四）記載於左者〔按：指下述兩款〕，在不會有所妨礙的前提下，准許其入籍；但依據《國籍法》當然是日本人者，不可再爲取捨。

1.台灣人取得台灣籍時，尚未成年之子女以及該未成年子女之兒女。

2.台灣人於取得台灣籍後至國籍法〔按：指日本《國籍法》〕開始施行之間，因婚姻而成爲妻以及該妻所生子女。

據此，整頓台灣籍民的方針，不以曾否依據條約上國籍選擇條款取得日本國籍爲準，而是原則上針對已在領事館爲登錄者，判斷承認該人之具有日本國籍是否符合日本國家利益，可得肯定者即繼續其以台灣籍民身分在中國享有條約上特權。反之，縱令已依條約選擇了日本國籍且在領事館辦妥登錄，若其之具有台灣籍民身分被認定爲對日本國不利，就會被剝奪旅券且除去日本國籍。在程序上，先由領事進行淘汰註銷後的籍民名簿，再傳給臺灣總督府進行戶口的製作或除籍工作。換言之，事實上冒籍者可能漂白爲台灣籍民，眞正本籍在台灣者也可能被除籍以致法律上不再是台灣籍民。除籍的理由包括：「利用臺灣籍與惡漢交往，不服從本館〔按：即領事館〕的命令」、「品行良，

第一部

事由	人名	合計
領事館ニ登録シ台灣ニ本籍ヲ有スルモノニシテ將来登録ヲ取消シ除籍スヘキモノ	李永年　林可適　鄭開清 黃安甫　陳炳晃　楊長発 林炎　李依三　林鈺 黃依七　傅幼金　陳鴻龍 林嫩弟　許細弟　陳慶雲 黃依四　陳炳棠　陳長生	

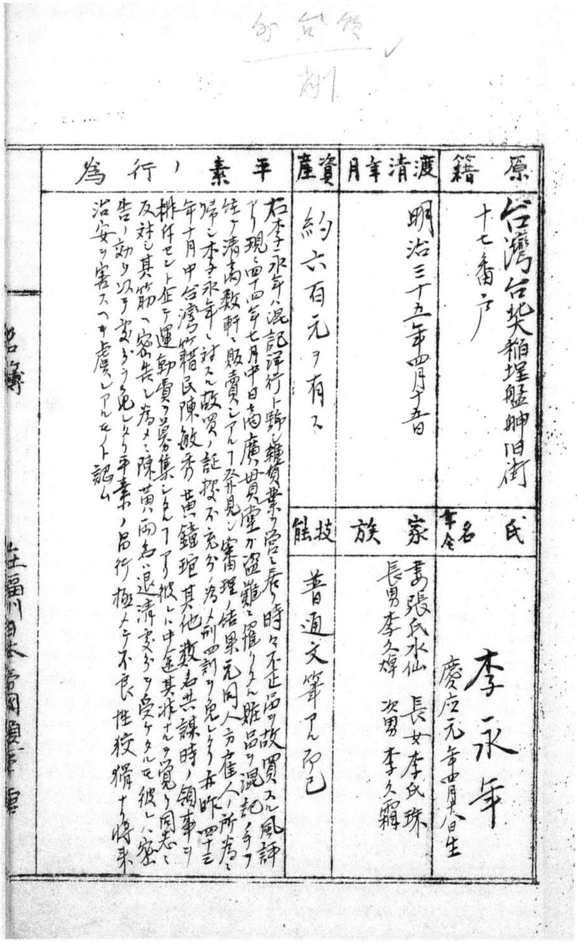

原籍：台灣台北大稻埕艋舺旧街十七番戸
渡清年月：明治三十五年四月十五日
資産：約六百元ヲ有ス
平素ノ行為：右李永年ハ混記洋行ト號シ雜貨業ヲ営ミ居ル時々不正品ヲ故買スル風評アリ現ニ四十四年七月中日商廣貫堂カ盗難ニ罹リタル贓品ヲ混記ニ於テ佳ナ清高敷軒ニ販賣シアルヿ発見シ審理ノ結果元同人方雇人ノ所為ニ帰シ李永年ハ対スル故買ノ証拠不充分ノ為メ刑四訓ヲ免レタリ本昨四十三年十月中台灣籍民陳敏秀黄鐘理其他数名共謀時ノ領事ヲ排斥セント企テ運動費ヲ募集シタルヿアリ彼レハ中途其非ナルヲ覚リ同志ニ反対シ其筋ヘ密告シ為メニ陳黄両名ハ退清処分ヲ受ケタルモ彼レハ密告ノ効ヲ以テ処分ヲ免レタリ平素ノ品行極メテ不良性狡猾ナリ将来治安ヲ害スヘキ虞レアルモノト認ム
氏名年令：李永年 慶應元年四月廿八日生
家族：妻張氏水仙 長女李氏珠 長男李久焯 次男李久霜
技能：普通文筆アル而已

圖3-13：遭福州領事館註銷台灣籍民登記之名單（右）與除籍理由（左）。

來　源：日本外務省外交史料館提供。

ニ及フ事實ニ徴スルモ、之等未届者籍民数ノ相應多数ナルヲ推知スルニ難カラス
所謂籍民ナル者ハ、明治二十八年領台當時臺灣ニ在住シ馬関條約ノ規定ニ依リ總括的ニ帝國々籍ヲ取得シタル者及ヒ其子孫ナルコトハ勿論ナルモ、此以外ニ於テ(イ)皈化及ヒ(ロ)台籍編入ノ手續ニ依リ帝國臣民ト成リタル者アリ、蓋シ支那ニ於ケル外國人ノ有スル治外法權ノ恩恵ハ、男サニ支那人ヲシテ外國籍ノ有難味ヲ痛感セシメタルヲ否ハ能ハス、彼等ノ親戚タリ隣人タル台灣籍民カ、單ニ領台當時台灣ニ在住シタリテフ偶然ナル事實ニ因リ、身体財産上霄壤ノ差アル帝國政府ノ保護ヲ享受スルコトヲ目睹前ニ看取シ居ル廈門人士カ其誅飲飽クナキ地方政府ノ悪政ヲ呪咀スル半面ニ於テ、何トカシテ台灣籍ヲ獲得セムト企劃スルコト、利己主義ヲ以テ終始スル支那人トシテ寧ロ當然ノ歸趨ト謂ハサル可ラス、殊ニ事アリテ一度台灣ノ土ヲ踏ミ其文明的生活ノ一端ヲ窺ヒ得タル程ノ廈門人カ、其郷里ニ於ケル悲惨ナル生活ヲ解脱セムト希願スルコト一入強烈ナルハ宜ナリ、領事館ニ於テモ政策的見地ニ基キ之等支那人ノ台籍獲得ヲ容易ナラシメタリト覺シキ節ナクムハ非ス、斯クテ馬關條約締結ニ因ル籍民ノ外ニ、所謂廈門籍民ト稱セラルル一種特殊ナル籍民ヲ有スルニ至レリ、

圖3-14：「台灣籍民」的來源，除依《馬關條約》整體取得日本國籍以及歸化者外，還包括「依編入台籍手續」成為帝國臣民者。
來　源：日本外務省外交史料館提供。

……有健訟之弊」、「品行良，……，秘密販售嗎啡而不服從本館之命令」等等。依一九一二年確定的名簿，新編入日本國籍者，在廈門有九十人、福州二十人、汕頭八人；台灣籍民登記遭註銷者，在廈門有二百五十五人、福州四十四人、汕頭二十三人。【55】

也因此在一九一二年，亦即中華民國政府在中國正式建立的第一年，確定了台灣籍民名單；但這些在中國的台灣籍民，仍有眾多並非本籍在台灣的台灣人。於一九二六年一份由廈門領事所爲之報告即表示，所謂「台灣籍民」係指依《馬

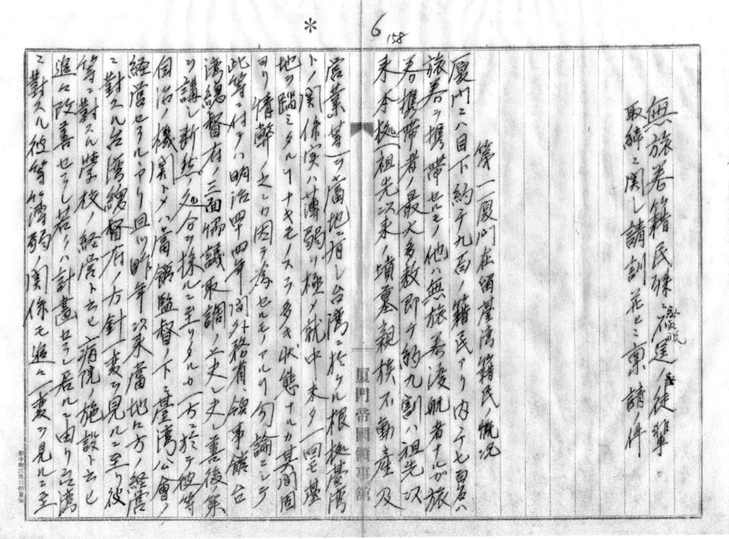

* 6 158

無旅券籍民殊ニ福建人徒輩取締ニ關シ請訓並ニ稟請ノ件

第一 廈門在留臺灣籍民ノ概況

廈門ニハ目下約千九百ノ籍民アリ内千七百名ハ旅券ヲ携帯セルモノ他ハ無旅券渡航者ナルガ旅券携帯者ノ最大多數即チ約九割ハ祖先以來本地（祖先以來ノ墳墓親族不動產及營業等ヲ當地ニ有シ台灣ニ於ケル根拠甚[illegible]臺灣トノ關係實ハ薄弱ヲ極メ就中未タ一回モ臺地ヲ踏ミタルコトナキモノスラ多キ狀態ナルカ其間固ヨリ情弊ノ之レカ因テ爲セルモノアルハ勿論ニシテ此等ニ付テハ明治四十四年[illegible]外務省、領事館台灣總督府ノ三面協議取調ノ上[illegible]善後ノ策ヲ講シ[illegible]ヲ採ルニ至リタルカ一方ニ於テ彼等自治ノ機關トシテハ當館監督ノ下ニ臺灣公會ノ經營セラルヽアリ[illegible]昨年以來當地ヒ方ノ經濟ニ對スル台灣總督府ノ方針一變ヲ見ルニ至リ彼等ニ對スル學校ノ經營トニセ病院ノ施設トニセ追々改善セラレ若クハ計畫セラレ居ルニ由リ台灣ニ對スル彼等ノ[illegible]關係モ追々一變ヲ見ルニ至

廈門帝國領事館

圖3-15：廈門當地多數法律上的台灣籍民實為中國在地人，而且許多人從沒來過台灣。
來　源：國史館臺灣文獻館提供。

關係約》整體地取得日本國籍，以及因歸化或依編入台籍的手續而成爲帝國臣民者。許多在廈門的中國人，因法律上獲得台灣籍而被稱爲「廈門籍民」，其大部分是廈門當地政治或經濟上有力者，且依然存有中國籍之思維；從中國當局的立場，若彼等未依中國的《國籍法》辦理喪失國籍，則仍爲中國的法權所及。【56】無怪乎，據一位來自臺灣總督府的日本人官員之觀察，一九一五年時在廈門屬於僑民團體的「臺灣公會」會員，大多數是從台灣過來而比較沒有財力，少數人是有財力的廈門人，而在當地取得日本國籍。也有一些有力者未參加臺灣公會，其只爲了獲得私利、爲獲得免稅等優惠而取得日本國籍，故與從台灣來的人彼此間存有不愉快的情緒。【57】

於一九一〇年代，日本政府已相當清楚所謂「台灣籍民」並不等同於「台灣人」。按一九一六年廈門領事向臺灣總督府民政長官所爲報告已明確表示，當時在廈門擁有旅劵的台灣籍民，大多數是世居廈門本地，在此有祖墳、親戚、不動產及事業等，其與台灣的關係實際上非常薄弱，尤其是許多人連一次也未曾踏上台灣土地，以致感情隔閡。故自一九一五年起，臺灣總督府對於廈門之經營方針有所調整，逐步改善以台灣籍民爲對象之學校營運及醫院設施，以加深籍民與台灣的薄弱關係。【58】

可見某程度扭曲來自西方的國籍制度者，不只是意圖「冒籍」的中國在地人，還包括日本政府。按日本帝國政府出於將中國福建劃入其勢力範圍的政治目的，而刻意讓一些中國在地人「冒籍」成功，使其假借台灣住民身分取得日本國籍，其人數甚至比眞正的台灣人還多。是以，在各領事館內有關台灣籍民的刑事紀錄裡，可能有不少涉案者實非台灣人（縱令其形式上曾依前述一九一〇年的整頓措施（一）而在台灣「設立新籍」），卻將惡名留給在中國的台灣人社群，雖如後所述，附隨於日本國籍的種種好處，的確吸引了一些台灣不良份子前來中國肆虐。【59】台灣人係依《馬關條約》而集體性地取得日本國籍，並在中國享有稅捐與司法上之特權，但僅憑領事館認定某人有不正當的行爲，即可剝奪表徵國民身分的國籍。或許日本當局可說《馬關條約》第五條本來就有所保留地規定「酌宜視爲日本臣民」，故有權拒絕將日本國籍給予某些台灣人，但是讓「假台灣人」取得日本國籍，在法理上實在說不通。

註釋

【1】華文版本的《馬關條約》第二條（原文用「款」）之規定如下：「中國將管理下開地方之權並將該地方所有堡壘、軍器、工廠及一切屬公物件，永遠讓與日本。一、……二、臺灣全島及所有附列各島嶼。三、澎湖列島即英國格林尼次東經百十九度起至百二十度止及北緯二十三度起至二十四度之間諸島嶼。」見洪安全總編輯，《清宮洋務始末臺灣史料（四）》（台北：國立故宮博物院，一九九九），頁二五〇一—二五〇二；臺灣史料集成編輯委員會編，《明清臺灣檔案彙編　第伍輯　第一〇四冊》，頁五二四—五二八。日文版本則如下：「第二條　清國ハ左記ノ土地ノ主權竝ニ該地方ニ在ル城壘兵器製造所及官有物ヲ永遠日本ニ割與ス：一　……　二　臺灣全島及其ノ附屬諸島嶼　三　澎湖列島即英國「グリーンウイチ」東經百十九度乃至百二十度及北緯二十三度乃至二十四度ノ間ニ在ル諸島嶼」。見国立公文書館藏，「御署名原本・明治二十八年・条約五月十日・日清両国媾和条約及別約」（「内閣御署名原本」，檔號：御02085100），一八九五年五月十日，收於「JACAR（アジ

ア歷史資料センター）〔網路資料〕」（網址：http://www.jacar.go.jp，參考碼：A03020213100，最後瀏覽日：二〇一三年三月十二日）。

【2】在此主要係探討日治時期台灣，故將日文版本翻譯爲華文。日文版本第五條規定：「日本國ヘ割與セラレタル地方ノ住民ニシテ右割與セラレタル地方ノ外ニ住居セムト欲スル者ハ自由ニ其ノ所有不動產ヲ賣却シテ退去スルコトヲ得ヘシ其ノ爲メ本約批准交換ノ日ヨリ二箇年間ヲ猶豫スヘシ但シ右年限ノ滿チタルトキハ未タ該地方ヲ去ラサル住民ヲ日本國ノ都合ニ因リ日本國臣民ト視爲スコトアルヘシ」，見国立公文書館藏，「御署名原本・明治二十八年・条約五月十日・日清両国媾和条約及別約」。不過，依中國方面的版本，係「本約批准互換之後，限二年之內，日本准中國讓與地方人民願遷居讓與地方之外者，任便變賣所有產業，退去界外，但限滿之後尚未遷徙者，酌宜視爲日本臣民。」見黃昭堂著、黃英哲譯，《台灣總督府》（台北：自由時代，一九八九），頁六五；洪安全總編輯，《清宮洋務始末臺灣史料（四）》，頁二五〇三—二五〇四；亦參見臺灣史料集成編輯委員會編，《明清臺灣檔案彙編　第伍輯　第一〇四冊》，頁五二六。該臺灣史料集成編輯委員會所編之書，就第五條之內容，載爲「均宜視爲日本臣民」，但經對照前揭日文版本及中方約本原件，該書將「酌宜」誤植爲「均宜」，兩者涵意不同，故有釐清之必要。

【3】例如一八七一年法蘭克福和平條約將法國的阿爾薩斯、洛林兩省割讓給德國時，即賦予這兩省居民選擇舊國籍（法國）或新國籍（德國）的權利。參見黃昭堂著、黃英哲譯，《台灣總督府》，頁六五、六七。關於對「未開化或半開化」民族不給予國籍選擇權的實例，參見王泰升，〈日治時期高山族原住民族的現代法治初體驗：以關於惡行的制裁爲中心〉，《國立

臺灣大學法學論叢》第四〇卷第一期（二〇一一年三月），頁一四—一九。

【4】日本的《國籍法》係一八九九（明治三十二）年以該年法律第六六號公布，並依同年六月二十一日勅令第二八九號將該法施行於台灣。外務省条約局編，《日本統治下五十年の台湾（「外地法制誌」第三部の三）》（東京：文生書院，復刻版，一九九〇），頁九二。

【5】參見後藤武秀，〈台湾における植民地支配と判例—政策の実現と司法の役割〉，收於笹川紀勝、金勝一、内藤光博編，《日本の植民地支配の実態と過去の清算—東アジアの平和と共生に向けて》（東京：風行社，二〇一〇），頁一七九—一八六；「臺中地院明治三十年第二十七號民事判決」，一八九七（明治三十）年五月五日，收於國立臺灣大學圖書館、國立臺灣大學法律學院建置，「日治法院檔案資料庫〔網路資料〕」（網址：http://tccra.lib.ntu.edu.tw/tccra_develop/），臺中地院，《獨民判決原本第一冊》，頁九一—九九。（最後瀏覽日：二〇一三年三月十二日）

【6】參見栗原純著、鍾淑敏譯，〈台灣籍民與國籍問題〉，收於林金田主編，《臺灣文獻史料整理研究學術研討會論文集》（南投：臺灣省文獻委員會，二〇〇〇），頁四三五。

【7】國史館臺灣文獻館藏，「臺灣住民ニ關スル國民分限令」，一八九六（明治二十九）年八月二十九日，收於《臺灣總督府公文類纂》（檔號：六一—一）。

【8】關於學說上爭議，參見栗原純著、鍾淑敏譯，〈台灣籍民與國籍問題〉，頁四二六—四二七。

【9】新式標點爲作者所加。國史館臺灣文獻館藏，「水野〔遵〕局長巡臺日記」，一八九七（明治三十）年十二月二十一日，收於《臺灣總督府公文類纂》（檔號：六一—一）。

【10】參見國史館臺灣文獻館藏，「臺灣住民國籍處分ニ關スル拓植次官（北垣國道）通牒」，一八九七（明治三十）年四月六日，收於《臺灣總督府公文類纂》（檔號：一三五—八）。

【11】參見園部敏，《行政法概論——特に臺灣行政法規を顧慮して》（台北：臺灣出版文化，改訂版，一九四三），頁八四—八五。

【12】參見國史館臺灣文獻館藏，「臺灣住民分限取扱手續內訓」，一八九七（明治三十）年三月十九日，收於《臺灣總督府公文類纂》（檔號：一三五—九）；臺灣總督府警務局編，《臺灣總督府警察沿革誌第二編：領臺以後の治安狀況（上卷）》（台北：臺灣總督府警務局，一九三八），頁六五四；栗原純著、鍾淑敏譯，〈台灣籍民與國籍問題〉，頁四二八。

【13】參見國史館臺灣文獻館藏，「臺灣住民分限取扱手續內訓」；黃昭堂著、黃英哲譯，《台灣總督府》，頁六五。

【14】日本治台初期，並不承認高山族原住民是現代法上作爲權利主體的「人」，甚至曾有論者稱：「生蕃係化外之民，在我國領土上橫行的野獸而已。」參見安井勝次，〈生蕃人の國法上の地位に就て〉，《臺灣慣習記事》第七卷第一號（一九〇七年一月），頁一八。

【15】於一九二〇年代，某理蕃部門的官員認爲，已經歸順的蕃人應已屬於一九〇二年持地六三郎所提出的「生蕃、化蕃、熟蕃」分類中的「化蕃」，而不再是「飛禽走獸」的生蕃，且認定其爲日本帝國臣民。參見三角生，〈「法律上蕃人の身分如何を駁す」に答ふ〉，《臺灣警察協會雜誌》第一三〇期（一九二八年四月），頁四八—五六。

【16】參見清宮四郎，《外地法序說》（東京：有斐閣，一九四四），頁三九—四〇，註一。

【17】參見臺灣總督府警務局編，《臺灣總督府警察沿革誌第二編：領臺以後の治安狀況（上

卷）》，頁六六四—六六八；〈雜報／臺民去就調查〉，《臺灣新報》第二二七號（一八九七〔明治三十〕年六月十二日），二版。

【18】清朝仍讓原居住台灣、此時選擇前往中國大陸定居的士子參加科舉，且事實上也有人考取。參見許雪姬，〈臺灣中華總會館成立前的「臺灣華僑」，1895-1927〉，頁一一三。

【19】參見〈雜報／五月八日の臺南（磯貝臺南縣知事談）〉，《臺灣新報》第二二四號（一八九七〔明治三十〕年六月九日），二版。

【20】參見栗原純著、鍾淑敏譯，〈台灣籍民與國籍問題〉，頁四二九、註一二。

【21】《馬關條約》第五條只規定原本住在台灣之人得「退去界外」，故理論上離去者可能前往清國以外的國家，但此種情形似乎不曾發生。

【22】此項離台總人數及其占總人口數的比例額，係參照自黃昭堂的試算，亦即僅就在此所揭示的三縣一廳人數進行加總，見黃昭堂著、黃英哲譯，《台灣總督府》，頁六六—六七；按此三縣一廳的離台人數，係援引自臺灣總督府警務局所編纂的記載，惟其最終所提示的總人數爲五千四百六十人，且並未就此總數與彼三縣一廳加總人數之間的千人落差有所說明，參見臺灣總督府警務局，《臺灣總督府警察沿革誌第二編：領臺以後の治安狀況（上卷）》，頁六六四—六六八；若再考究前揭警務局記載的資料來源，即《臺灣新報》的報導內容，則其中所列之離台人數分別爲：台北縣一千五百七十四人、台中縣三百零一人、台南縣四千五百人以上、澎湖島八十一人，總計則爲六千四百六十六人，參見前揭〈雜報／臺民去就調查〉。

【23】楊永彬，〈台灣紳商與早期日本殖民政權的關係——一八九五年—一九〇五年〉（台北：國立臺灣大學歷史學研究所碩士論文，一九九六），頁七一—七四。

【24】參見國史館臺灣文獻館藏，「臺民去就ニ關スル同人〔陳洛〕ノ意見」，一八九六（明治二十九）年十二月十九日，收於《臺灣總督府公文類纂》（檔號：七六—四〇）。

【25】參見黃昭堂著、黃英哲譯，《台灣總督府》，頁六六。

【26】參見〈雜報／國籍編入者〉，《臺灣新報》第一九七號（一八九七〔明治三十〕年五月八日），二版。

【27】參見國史館臺灣文獻館藏，「內訓四九號臺灣住民戶籍取扱ニ關スル件」，一八九八（明治三十一）年十月二十八日，收於《臺灣總督府公文類纂》（檔號：二四八—三九）。例如，霧峰林家的林沛堂之弟林峻堂（癡仙）、母親陳氏淑、妻謝氏端以及女婢兩名，爲了避開一八九五年的戰亂而逃離，前往上海居住，一八九九年歸台後聲請入日本籍，參見國史館臺灣文獻館藏，「臺灣住民戶籍取扱ニ關スル件」，一八九九（明治三十二）年十二月二十二日、一九〇〇（明治三十三）年七月十一日，收於《臺灣總督府公文類纂》（檔號：四七六—二三）。

【28】參見國史館臺灣文獻館藏，「臺灣住民戶籍取扱ニ關スル件」，一八九九（明治三十二）年十二月十八日。

【29】參見國史館臺灣文獻館藏，「內訓第六三號臺灣住民國籍編入ニ關スル件、臺灣住民國籍編入ニ關スル件各縣廳報告」，一九〇〇年五月七日，收於《臺灣總督府公文類纂》（檔號：四七六—一二）。

【30】參見黃昭堂著、黃英哲譯，《台灣總督府》，頁六七。

【31】參見栗原純著、鍾淑敏譯，〈台灣籍民與國籍問題〉，頁四三六。

【32】參見許雪姬，〈一九三七至一九四七年在北京的台灣人〉，《長庚人文社會學報》第一卷第一期（二〇〇八年四月），頁三七。

【33】參見外務省外交資料館藏，「機密一八號　廈門在留臺灣籍民ノ実況報告送付ノ件」，一九〇七（明治四十）年九月十四日，收於「南部支那在留台湾籍民名簿調製一件」，《外務省記録》（檔號：3.8.7.18）。例如，來自檳城、新加坡等英屬殖民地的馬來西亞華僑，擁有英國籍；來自東京（河內）、西貢等法屬殖民地的印度支那地區華僑，擁有法國籍；來自巴達維亞（雅加達）、泗水、棉蘭等荷屬殖民地的華僑，擁有荷蘭籍；來自馬尼拉等菲律賓地區華僑，即擁有西班牙及後來的美國籍。

【34】參見外務省外交資料館藏，「機密一八號　廈門在留臺灣籍民ノ実況報告送付ノ件」。此外，一八九八年二月總督府派遣駐廈門的澤村繁太郎指出，自台灣人國籍確定日的五月八日起至翌年一月三十一日的短短半年內，台灣人渡海來廈門開設商店享受領事館保護者，已經達到十八間。其中有利用外國商之名義，向領事館申請由稅關發行的三聯單，而後自由地進入清國內地購買貨物，並免受地方釐金局的課稅；亦有從香港、上海進口舶來品，自由地通過廈門釐金局者。此外，還有將日本商的名義借給清國人，而以收取相當的「看板費」爲目的。參見國史館臺灣文獻館藏，「本島人ニシテ厦門ニ商店開設シ不正ノ行爲ラナス者アルニ付爾後旅券發給ノ際注意方知事廳長ヘ申進及澤村囑託ヘ回答」，一八九八（明治三十一）年二月七日～三月十八日，收於《臺灣總督府公文類纂》（檔號：四五五六－六）。

【35】西方列強對日本所享有的治外法權，於一八九九年因條約修正而被廢止，其涵蓋的範圍包括

台灣殖民地。

【36】亦參見栗原純著、鍾淑敏譯，〈台灣籍民與國籍問題〉，頁四四○。

【37】臺灣總督府向外務省確認傅建發係住於臺北廳大加蚋堡大稻埕朝陽街四八番户，在公文上亦以「臺灣籍民」稱呼之。參見外務省外交資料館藏，「公第一五四號訳文　傅建發國籍取調方ニ関スル件」，一九一四（大正三）年十二月三十日，收於「南部支那在留台湾籍民名簿調製一件」，《外務省記録》（檔號：3.8.7.18）。在傅建發一案之前，有自稱居住於台北大稻埕的余宗藝和郭阿椪，亦居住於越南西貢，本以中國人身分向當地移民局登錄，並支付人頭税。於一九一四年時，此兩人爲了免除該人頭税，提出臺灣總督府所發旅券，要求改以日本國籍登錄，法國政府以其欠缺獲得國籍之證明書而向日本外務省詢問，外務省再請臺灣總督府調查。臺灣總督府於回函中表示，彼等並非「本島在籍者」，之所以發出旅券可能因領台之際沒有查明所致，故請將該旅券取回。最後外務省再向臺灣總督府表示，該旅券已取回。參見外務省外交資料館藏，「公第九四號訳文　余宗藝外一名國籍照会ノ件」，一九一四（大正三）年八月二十六日，收於「南部支那在留台湾籍民名簿調製一件」，《外務省記録》（檔號：3.8.7.18）。

【38】參見外務省外交資料館藏，「機密一八號　厦門在留臺灣籍民ノ実況報告送付ノ件」。

【39】參見彭思齊，〈晚清閩省英籍華民管轄權交涉（1842-1911）〉，頁一三五、一五三。

【40】參見外務省外交資料館藏，「機密第拾號　台湾人民帝國々籍ニ編入シタル者ニ旅券渡シ方ニ付在厦門領事ヨリ上申之件」，一八九七（明治三十）年四月十七日，收於「自明治二十九年十二月至明治三十一年一月台湾人渡清之義ニ関シ在厦門帝国領事具申雑件」，

【41】《外務省記録》（檔號：3.8.2.68）。

關於中國在地人假冒台灣籍民，其詳參見外務省外交資料館藏，「機密第五號　臺灣籍民ノ狀態報告ノ件」，一九一〇（明治四十三）年三月十四日，收於「南部支那在留台湾籍民名簿調製一件」，《外務省記録》（檔號：3.8.7.18）。另參見栗原純著、鍾淑敏譯，〈台灣籍民與國籍問題〉，頁四三九。

【42】參見鶴見祐輔，《後藤新平　第二卷》（東京：勁草書房，一九六五），頁四二九－四三四。

【43】參見本書第五章一、。

【44】這項論點亦爲日本當時的外交系統所支持。參見外務省外交資料館藏，「機密第五號　臺灣籍民ノ狀態報告ノ件」。

【45】參見栗原純著、鍾淑敏譯，〈台灣籍民與國籍問題〉頁四三六－四三九；鍾淑敏，〈日治時期台灣人在廈門的活動及其相關問題（1895-1938）〉，收於走向近代編輯小組編，《走向近代：國史發展與區域動向》（台北：臺灣東華，二〇〇四），頁四〇一－四〇二。

【46】參見外務省外交資料館藏，「機密一八號　厦門在留臺灣籍民ノ実況報告送付ノ件」。

【47】參見栗原純著、鍾淑敏譯，〈台灣籍民與國籍問題〉，頁四三九。

【48】荷蘭政府在一九〇七年修訂《荷蘭國籍及居住條例》，並於一九一〇年二月又專門制定《荷屬東印度籍民條例》，兩部法典皆採取「出生地主義」，規定出生於該地的華人皆取得荷蘭國籍。由於中國、荷蘭分別採行「血統主義」和「出生地主義」，遂產生兩國國籍之衝突問題，兩國爲此於一九一一年達成協議：「生於荷蘭屬地的華人，在荷蘭殖民地爲荷蘭籍民適

用荷蘭法律，在中國則爲中國籍民適用中國法律」。參見川島眞，《中国近代外交の形成》，頁一〇四—一〇六；李学民、黄昆章，《印尼华侨史》（广东：广东高等教育，一九八七），頁五，註四；〈奏議錄要／憲政編查館奏遵 旨議覆國籍條例摺〉，《北洋官報》第二〇二七冊（一九〇九年四月二日），頁二—五，收於姜亚沙編輯，《清末官报汇编》（北京：全国图书馆文献缩微复制中心，二〇〇六），第三冊，頁一四九九—一五〇〇；〈特別要件／憲政編查館奏定國籍條例附件〉，《北洋官報》第二〇二七冊（一九〇九年四月二日），收於姜亚沙編輯，《清末官报汇编》（北京：全国图书馆文献缩微复制中心，二〇〇六），第三冊，頁一五〇二。《大清國籍條例》第一條規定：「凡左列人等不論是否生於中國地方均爲中國國籍：一、生而父爲中國人者，二、生於父死以後而父死時爲中國人者，三、母爲中國人而父爲無可考或無國籍者。」而在《大清國籍條例施行細則》亦有如下規定。其第三條：「凡不照前兩條所載呈明出籍之證者，則在中國一體視爲仍屬中國國籍」，第四條：「本條例施行以前，中國人有並未批准出籍而入外國國籍者，若仍在內地居住營業或購置及承受不動產並享有一切中國人特有之利益，即視爲仍屬中國國籍」，第五條：「本條例施行以前，中國人有並未批准出籍而入外國國籍者，若仍列中國官職即視爲仍屬中國國籍」，第六條：「本條例施行以前，中國人有已入外國籍者，准其臨時遵照本條例第二十二條呈請復籍，毋庸照第二十一條及第二十三條辦理」，第七條：「本條例施行以前，中國人有因生長久居外國者，如其人仍願屬中國國籍，一體視爲仍屬中國國籍」。

【49】參見栗原純著、鍾淑敏譯，〈台灣籍民與國籍問題〉，頁四三八、四四〇—四四一。

【50】參見外務省外交資料館藏，「公第七〇號 清國々籍條例施行細則ト台湾籍民トノ関係ニ関

シ具申ノ件」，一九〇九（明治四十二）年七月十日，收於「南部支那在留台湾籍民名簿調製一件」，《外務省記録》（檔號：3.8.7.18）。

【51】參見外務省外交資料館藏，「機密第一一六號　歸化臺灣人邱金秀不法拘禁関スル件」，一九〇九（明治四十二）年八月十日，收於「清國官憲力台湾籍民拘禁ノ件　附台湾籍民ノ狀態ニ関シ在福州帝國領事ノ報告」，《外務省記録》（檔號：4.1.5.9）。另參見栗原純著、鍾淑敏譯，〈台灣籍民與國籍問題〉，頁四四二—四四三。

【52】參見外務省外交資料館藏，「公第六六號　台湾籍民妻子ノ國籍ニ関シ疑義ノ件」，一九〇九（明治四十二）年七月八日，收於「南部支那在留台湾籍民名簿調製一件」，《外務省記録》（檔號：3.8.7.18）。

【53】參見栗原純著、鍾淑敏譯，〈台灣籍民與國籍問題〉，頁四四五—四四七。

【54】參見栗原純著、鍾淑敏譯，〈台灣籍民與國籍問題〉，頁四四七—四四八；外務省外交資料館藏，「機密送第一〇號　南清在留台湾籍民處分方ニ関スル件」，一九一〇（明治四十三）年二月二十四日，收於「南部支那在留台湾籍民名簿調製一件」，《外務省記録》（檔號：3.8.7.18）；外務省外交資料館藏，「機密送第一八號　南清在留台湾籍民處分方ニスル件」，一九一〇（明治四十三）年十二月二日，收於「南部支那在留台湾籍民名簿調製一件」，《外務省記録》（檔號：3.8.7.18）。

【55】參見栗原純著、鍾淑敏譯，〈台灣籍民與國籍問題〉，頁四四八—四四九；鍾淑敏，〈日治時期台灣人在廈門的活動及其相關問題（1895-1938）〉，頁四〇三—四〇四。

【56】此係日本駐廈門領事井上庚二郎機密第二七一號所附之報告。參見外務省外交資料館藏，

「廈門ニ於ケル臺灣籍民問題」，一九二六（大正十五）年十月二十八日，收於「在支台灣籍民問題雜件」，《外務省記録》（檔號：3.8.2.330）。

【57】根據一九一五年（大正四年），廈門旭瀛書院臺灣公學校教諭岡本要八郎，將其赴任廈門一年的所感，寫給臺灣總督府學務部長隈本繁吉的報告書。參見國史館臺灣文獻館藏，「廈門一年間ノ所感ト卑見（旭瀛書院岡本要八郎）」，一九一五（大正四）年二月二十四日，收於《臺灣總督府公文類纂》（檔號：二四一四—二）。

【58】參見國史館臺灣文獻館藏，「無旅券籍民殊ニ密渡航不逞ノ徒輩取締ニ關スル公信寫送付ノ件（廈門領事）」，一九一六（大正五）年九月七日，收於《臺灣總督府公文類纂》（檔號：六二〇三—五）。

【59】關於台灣不良份子之前往中國發展，可參見王學新，〈日本對華南進政策與台灣籍民之研究（1895-1945）——兼論台灣黑幫籍民的形成與演變〉（廈門：廈門大學歷史學研究所博士論文，二〇〇七）。

【第四章】在中國的法律生活中感受國籍

一、日本在中國的領事警察及領事裁判

依國際法上國籍管轄原則，日本對於具有日本國籍者在中國的行爲仍可管轄之，亦應保障該人在中國時權益不受侵害，故早在日本尚未領有台灣之前，就針對在中國的日本臣民建立管理機制。於一八七〇年，日本基於與中國締結的雙邊條約《日清友好通商條規》，爲管理居留於上海的日本人而與中方討論派遣可行使警察權的官員。一八七二年日本設置上海領事館，並決定將在中國各地犯罪的日本人送回長崎審理，再於一八七三年規定《清國在留日本國人須知》【1】。於一八八二年，有違警罪之規定的日本第一部現代式刑法典開始適用於居留中國的日本人，且依新訂的《清國上海居留日本人

通商行船條約
大清國
大皇帝陛下及
大日本國
大皇帝陛下因光緒二十一年三月二十三日即明治二十八年四月十七日馬關所訂條約第六款聲明商訂通商行船條約是以
大清國
大皇帝陛下特派

＊
大日本國皇帝陛下及大清國皇帝陛下ハ明治二十八年四月十七日即光緒二十一年三月二十三日下ノ關ニ於テ調印セラレタル條約第六條ノ規定ニ依リ通商航海條約ヲ締結スルコトニ決セリ因テ大日本國皇帝陛下ハ北京駐劄特命全權公使正四位勳一等男爵林董ヲ大清國皇帝陛下ハ欽差全權大臣總理各國事務大臣尚書衙戶部左侍郎張蔭桓ヲ各其ノ全權大臣ニ任命シタルヲ以テ兩國ノ全權大臣ハ互ニ其ノ委任狀ヲ

圖4-1：甲午戰後日本依條約而在中國取得領事裁判等特權。
來 源：外交部、日本外務省外交史料館提供。

取締規則》，居留上海的日本人欲遷居、旅行、回國等時須向領事館登記。復於一八八三年三月，制定《清國及朝鮮國在留日本人取締規則》。此後，居留清國或朝鮮國的日本人，若被認定擬妨害當地的安寧或已妨害到當地的安寧者，領事得以命令爲禁止居留一年至三年之處分。一八八三年八月再修改上述規則，爲取締賣淫者而增加「擬敗壞風俗者」一項。

中日甲午之戰後，日本於一八九六年如同當時的西方強權般，在中國獲得了將國籍管轄原則推至極致、漠視當地國主權管轄的領事裁判權。根據《馬關條約》第六條之規定，日本得廢除過去與清國之間締結的所有條約，並依照清國與歐美國家締結的內容重新訂之。於是，一八九六年雙方締結《通商行船條約》（日方稱爲《日清通商航海條約》），同年十月二十日正式換約生效），由日本單方地獲得領事裁判權、協定關稅、最惠國待遇等特權，故係屬不平等條約。其關於領事及司法裁判的規定，照錄如下：【2】

第三款　大日本國　大皇帝陛下酌視日本國利益相關情形，可設立總領事、領事、副領事及代理領事，往中國已開及日後約開通商各口岸城鎮。各領事等官，中國官員應以相當禮貌接待，並各員應得分位、職權、裁判管轄權及優例、豁免利益，均照現時或日後相待最優之國相等之官，一律享受。

大清國　大皇帝陛下亦可設立總領事、領事、副領事及代理領事，駐劄日本國現准及日後准別國領事駐劄之處，除管轄在日本之中國人民及財產歸日本衙署審判外，各領事等官應得權利及優例，悉照通例，給予相等之官，一律享受。

第二十款　日本在中國之人民及其所有財產物件，專歸日本妥派官吏管轄。凡日本人控告日本人或被別國人所控告，均歸日本及妥派官吏訊斷，與中國官員無涉。

第二十一款　凡中國官員或人民控告在中國之日本臣民負欠錢債等項，或爭在中國財產物件等事，歸日本官員訊斷。凡在中國日本官員或人民控告中國臣民負欠錢債等項，或爭中國人之財產物件等事，歸中國官員訊斷。

第二十二款　凡日本臣民被控在中國犯法，歸日本官員審理，如果審出眞罪，依照日本法律懲辦。中國臣民被日本人在中國控告犯法，歸中國官員審理，如果審出眞罪，依照中國法律懲辦。

就此可簡化成兩項原則。其一，日本在中國之人民及其財產歸日本管轄；其二，民、刑事案件中，凡被告爲日本人者，均由日本官員審斷，僅於日本人爲原告、中國人爲被告時，方由中國官員依中國法律審斷。

日本隨即發展出，由領事官在中國的居留地行使警察權的制度。於一八九六年十月十九日，中日兩國簽署《有關在清國開港場的帝國專有居留地等日清兩國協定之議定書》。其第一條規定在新開的通商市港區，規劃日本專用的居留地，居留地的道路管轄以及地方警察權專屬於日本領事。【3】再於一八九八年七月在漢口、一八九八年十一月在天津，確立「於現在所定居留地內設置日本警察署，處理居留地內一切的警察事務」以及「在預備居留地內建置警察署」。【4】其後又在蘇州、杭州、沙市、福州等，設置日本專屬的居留地。接著日本於一八九九年三月十八日公布法律第七〇號《有關領事官職務之法律》，規定領事對警察官的指揮權。【5】其第十三條規定領事官應讓領事館員或警察官（指「警部」）擔任檢事（即今之檢察官）或法院書記的職務。第十四條亦規定領事館應讓領事館員或警察官吏（指警部以外，包括巡查在內）擔任執達吏的職務。另一方面，一八九六年四月十一日公布的明治二十九年法律第八〇號《清國及朝鮮國在留帝國臣民取締法》，沿襲前揭一八八三年的《清國及朝鮮國在留日本人取締規則》，授權領事將「妨害安寧者」或「壞亂風俗者」禁止居留一年至三年。【6】至一九〇〇年四月十八日，再以勅令第一五三號制定《領事官職務規則》，規定領事官應保護（第二條）或採取措施搶救、取締日本人（第五條），亦另有規定依據條約或慣例領事官得執行領事裁判權（第十五條）。【7】

日本領台後爲因應台灣與對岸中國間人的流動，已提升其派駐廈門、福州的日本領事的位階。一八九五年八月六日台灣總督樺山資紀向伊藤博文首相表示，爲保護台灣及

圖4-2：汕頭日本領事館。
來 源：中央研究院臺灣史研究所檔案館提供。

澎湖列島住民的利益，且以後將會增加有關台灣住民的財產船舶或領事裁判權執行等領事事務之執行，請將廈門地區從上海總領事館的管轄獨立出來。【8】於一八九六年三月二十九日，廈門領事館開設且兼管福州地區，並配置警部一位。一八九八年八月於福州設置廈門領事館分館，至一八九九年四月即升格為福州領事館，同年十一月配置外務省警部一名。在中國華南地區擁有日本國籍的人口激增，其實即因所謂的台灣籍民增多，故各地領事館再向日本政府請求配置巡查。

上述的警察正式名稱為「外務省

警察」，亦稱「領事館警察」，設置於日本擁有領事裁判權之國家的日本領事館內，例如在朝鮮、清國（後來爲中華民國）、暹羅（後來爲泰國）、滿洲國（至一九三七年十二月止）。【9】其主要任務是取締以及保護居留國外之具日本國籍者，【10】因此在中國的台灣人被取締或尋求保護時，第一個接觸的就是外務省警察。

在中國的台灣人由於擁有日本國籍，其司法案件將依上述領事裁判制度處理。依一八九九年《有關領事官職務之法律》（一九二五年曾修正）之規定，【11】係由領事官進行第一審的公判程序，但其不得爲「該當死刑、無期徒刑或短期一年以上懲役或禁錮之罪」之公判；對此類重罪，由領事官進行預審後送至日本的裁判所進行第一審公判（第八條）。至於對領事館所爲第一審裁判提起控訴（即上訴第二審）之案件、或前揭重罪的第一審公判的管轄法院，若係中國華南地區（福建省、廣東省、廣西省、雲南省）的案件，在一九二一年之前係長崎控訴院，其後則改爲臺灣總督府臺北地方法院，蓋在華南的日本臣民絕大多數是台灣籍民也，【12】故就中國華中地區的案件，直到一九四五年日本戰敗爲止仍歸長崎控訴院管轄。又，對於領事館所爲裁判提出上告（即上訴至法律審）或對駁回上告之決定提出的控告，係由作爲日本內地最終審法院的「大審院」管轄（第十二條）。【13】

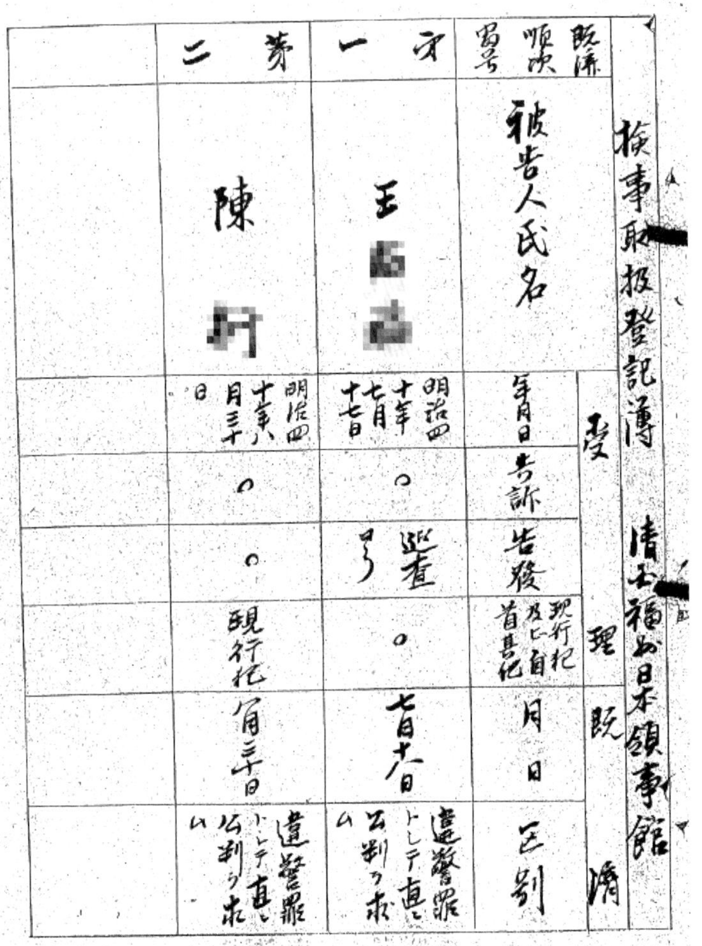

檢事取扱登記簿　清國福州日本領事館

既濟順次番号	被告人氏名	受理：年月日	受理：告訴	受理：告發	受理：現行犯及ビ自首	既濟：月日	既濟：区別
第一	王	明治四十年七月十七日	○	巡查ヨリ	○	七月十八日	違警罪トシテ直ニ公判ヲ求ム
第二	陳	明治四十年八月三十日	○	○	現行犯	八月三十日	違警罪トシテ直ニ公判ヲ求ム

圖4-3-1：日本領事館檢察官處理登記簿。

來　源：日本外務省外交史料館提供。

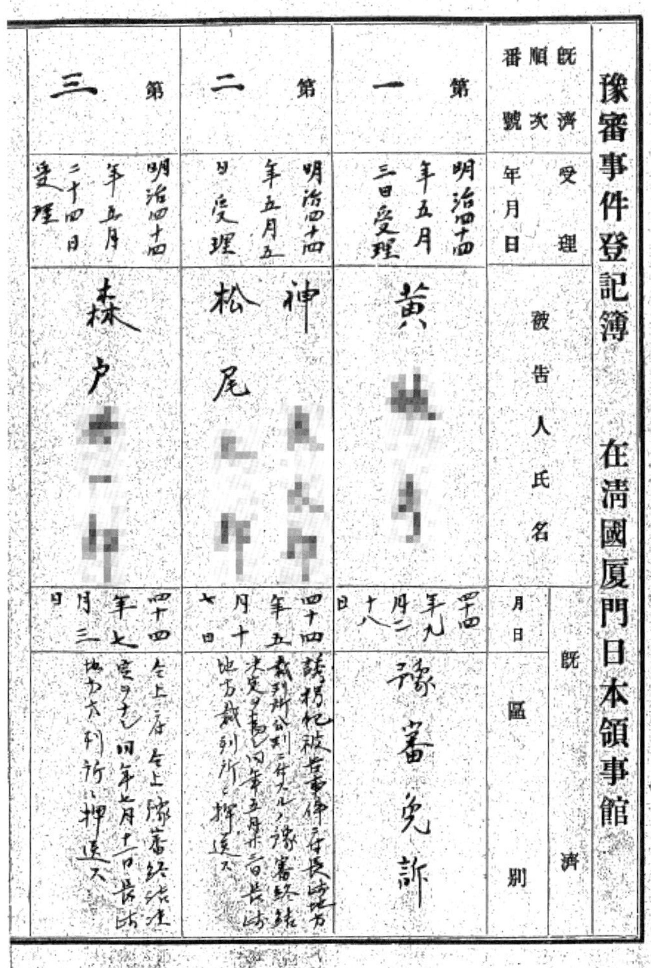

豫審事件登記簿　在清國廈門日本領事館

既濟 區別	既濟 月日	被告人氏名	受理年月日	既濟順次番號
豫審免訴	四十四年九月二十八日	黄[illegible]	明治四十四年五月三日受理	第一
誘拐被告事件ヲ長崎地方裁判所公判ニ付スル豫審終結決定ヲ為シ同年五月十七日長崎地方裁判所ニ押送ス	四十四年五月十七日	神[illegible] 松尾[illegible]	明治四十四年五月五日受理	第二
仝上 仝上 仝上 豫審終結決定ヲ為シ同年七月十一日長崎地方裁判所ニ押送ス	四十四年七月三日	森戸[illegible]	明治四十四年五月二十四日受理	第三

圖4-3-2：日本領事館豫審事件登記簿。

來　源：日本外務省外交史料館提供。

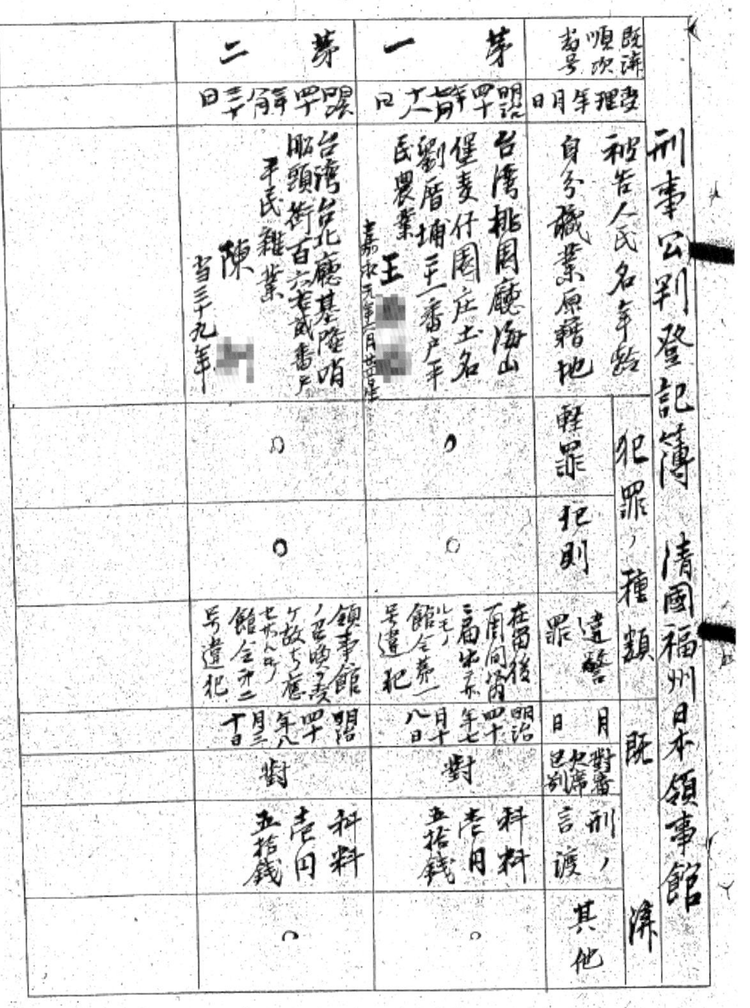

刑事公判登記簿 清國福州日本領事館

既濟順次番号	第一	第二
受理年月日	明治四十四年七月十八日	明治四十四年十一月三十日
被告人氏名年齡身分職業原籍地	台灣桃園廳海山堡麦仔園庄土名劉厝埔[illegible]番戶平民農業 王[illegible] 嘉永元年[illegible]月[illegible]日生	台灣台北廳基隆堡[illegible]頭街百[illegible]番戶平民雜業 陳[illegible] 当三十九年
犯罪ノ種類 輕罪	〃	〃
犯則	○	○
違警罪	在留後[illegible]館令第一号違犯	領事館ノ召喚[illegible]館令第二号違犯
判決言渡月日	明治四十四年七月十八日	明治四十四年八月三十一日
對審欠席ノ區別	對	對
刑ノ言渡	科料壹円五拾錢	科料壹円五拾錢
其他	○	○

圖4-3-3：日本領事館刑事訴訟登記簿。

來　源：日本外務省外交史料館提供。

和解事件登記簿　在清國廈門日本領事館

既濟順次番號	第壹	第貳	第參
申立年月日	卅九年一月廿九日	二月廿二日	三月十九日
申立人（氏名身分職業本籍地）	廈門水仙宮街 錢庄業 清國人 陳恭鴻	廈門水亀墓 清國人 陳安仲	廈門溯厝埕 清國人 鄭財
相手人（氏名身分職業本籍地）	臺灣台北大稻埕 得勝街十六番戶 本邦商 黃守聲	臺灣台北大稻埕 中街四十五番戶 本邦商 洪耀南	臺北廳大稻埕建昌街二丁目廿八番戶 本邦商 林鐘宗
目的物	貸越金及利 銀二千五百串 二兩一分四分六厘 壹	賣掛代金 銀四百四十兩 四錢	貸金請求 銀百元及利子
既濟月日 和解調了			
既濟月日 不調		三月八日	三月十九日
既濟月日 却下			
既濟月日 取下			

圖4-3-4：日本領事館和解案件登記簿。

來　源：日本外務省外交史料館提供。

民事訴訟登記簿　在清國廈門日本領事館

既濟順次號番	起訴年月日	原告人（氏名身分職業本籍地）	被告人（氏名身分職業本籍地）	訴訟ノ目的物	既濟月日：闕席判決	既濟月日：拋棄認諾ニ基キ判決	既濟月日：其他ノ終局判決	既濟月日：和解	既濟月日：取下	訴訟ノ勝敗
第壹	四十二年十二月四日	廈門內武廟前街 長發號 清國人 吳池	現住廈門洪本部街 日本商 泉勝洋行 洪大概	賣掛代金 銀八拾七元四十五錢 元利			二月十八日			被告勝
第貳	四十二年七月廿六日	現住廈門布袋街 日本籍民 鄭鵬雲 代理人 橋本綱磨	原籍台灣新竹[illegible]村北一堡灣洲庄 現住廈門打鉄路頭 蓮昌洋行及蓮茂洋行 葉德儀 外二名	貸付金元利 銀参千六百廿五兩七十(弐)一釐				三月八日（示談）		
第參	四十三年八月七日	現住廈門鼓浪嶼內厝澳寄留 日本籍民 黃廼洲 外一名 代理人 橋本綱磨	現住廈門鼓浪嶼內厝澳寄留 日本籍民 林季商	土地所有權			三月廿三日			被告勝

圖4-3-5：日本領事館民事訴訟登記簿。

來　源：日本外務省外交史料館提供。

執行事件登記簿　在清國廈門日本領事館

既済順次番號	第壹	第貳	第參
命令ノ年月日	卅九年一月十五日	卅八年九月廿三日	
氏名身分職業本籍地　債權者	廈門中街頭 仲國商 陳和成	臺灣嘉義廳嘉義西堡嘉義街字東門内百廿番戶 曾清泉	
氏名身分職業本籍地　債務者	臺灣台北大稻埕得勝街十六番戶 本邦商 黃守聲 仝 怡祥	臺灣台北廳大加蚋堡港仔行口八番戶 本邦商 洪萬寶	
執行ノ目的	有体動產仮差押	仝上	
請求額	貿銀元利銀七千百三四円四三仙	貸金銀四百元	
費用額	一元卒五仙	三元三十七仙	
既済年月日	五月二十一日	卅九年六月八日	

圖4-3-6：日本領事館執行事件登記簿。

來　源：日本外務省外交史料館提供。

據此，在中國的台灣人於司法程序上，將會獲得與其在種族、語言、文化上相似的在地中國人不一樣的待遇，亦即由日本的領事進行裁判。尤其是多數居住於中國華南的台灣人，自一九二一年起，經領事預審之關於重罪的第一審公判案件，以及對領事所爲裁判不服而提起第二審上訴，都是由臺北地方法院審理。按日治下台灣擁有一個與日本內地裁判所相互獨立的法院體系，對於臺灣總督府法院所爲裁判不能上訴至大審院，【14】故不服臺北地方法院對前揭重罪所爲第一審刑事裁判而爲上訴之案件，如《日治法院檔案》內實例所示，係由臺灣總督府高等法院爲最終審裁判。【15】上述法院運作實務從外觀上看，等於是臺灣總督府法院將其司法管轄權延伸至居住於中國的台灣人，並使其從中感受到他或她是具有日本國籍、受臺灣總督府管轄的台灣人。

不過，臺灣總督府法院在審理這類基於領事裁判權而生的民、刑事案件時，在實體法上應準據台灣殖民地法律或日本內地的法律呢？按《有關領事官職務之法律》第三條規定：「依據本法執行職務的領事官及其他人員，應依照法令及條約之規定執行其職務，但亦得遵從國際法上之慣例或駐在地之特別慣例。若難以依據前項時，得以命令制定特別規定。」依一九二二年時外務省的見解，只要是領事裁判案件，即應準據領事裁判管轄區域內施行的法令，亦即日本法，也就是相對於「外地法」（例如台灣的法律）

而言的「內地法」，按倘若在台灣的法院適用施行於台灣的法令來進行領事裁判案件的第二審判決，很可能會導致將原本適用日本（內地）法令的第一審判決全部撤銷。【16】然而全依日本內地法處理台灣人的民事事件，尤其是涉及親屬繼承事項者，確有困難，否則台灣也不必維持特別法域的制度設計。在稍早的一九二〇年，時任臺灣總督府高等法院院長的谷野格，曾在《臺法月報》對此議題表示：在一九一八年《共通法》公布後，對於台灣籍民，無論人在領事裁判地域或在台灣，都應該適用施行於台灣的法令。【17】而一九三五年七月在上海舉行的第三回司法領事會議上，廈門領事也提出：由於許多台灣籍民居留在廈門、福州、汕頭、廣東等地方，故與台灣籍民有關的民、刑事事件爲數相當多，對華南的台灣籍民應該適用在台灣所施行的法令。【18】惟實際運用上，領事裁判的準據法還是日本內地法，以致領事官遇到很多究竟應適用哪一些日本內地法方爲適當的困擾。一九三九年廈門領事就請外務大臣，將在法解釋上可理所當然地適用到領事裁判的日本內地法規，列舉出來讓給領事加以適用。【19】到了一九四一年，在司法領事會上仍熱烈地討論這項議題，但似乎仍得不出明確的見解來。【20】

日本外務省可能認爲領事裁判應準據日本內地的法律，才符合由中央政府主導外交事務的現代型國家常軌，而不願其準據一個雖可能較方便、但僅是國內特別法域（政治

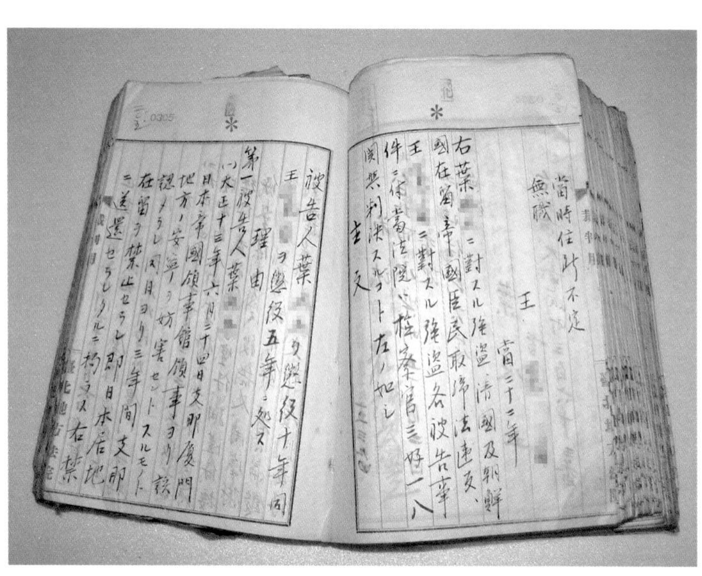

當時住所不定
無職
王 當二十二年

右葉ニ對スル強盜、清國及朝鮮國在留帝國臣民取締法違反、王ニ對スル強盜各被告事件ニ付當法院ハ檢察官三好一八關與判決スルコト左ノ如シ

主文

被告人葉ヲ懲役十年同王ヲ懲役五年ニ處ス

理由

第一被告人葉ハ大正十三年六月二十四日支那廈門日本帝國領事館領事ヨリ該地方ノ安寧ヲ妨害セントスルモノト認メラレ同月ヨリ三年間支那在留ヲ禁止セラレ即日本居地ニ送還セラレタルニ拘ラス右葉

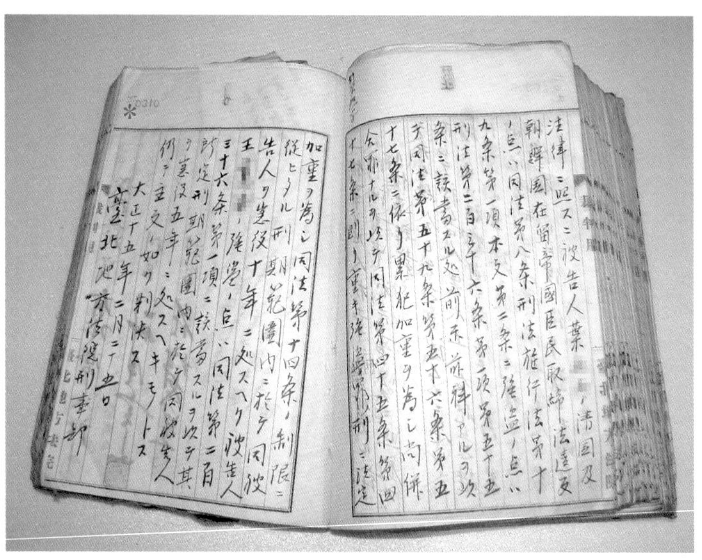

法律ニ照スニ被告人葉ノ清國及朝鮮國在留帝國臣民取締法違反ノ點ハ同法第八条刑法施行法第十九条第一項本文第二条ニ強盜ノ點ハ刑法第二百三十六条第一項第五十五条ニ該當スル処前示前科アルヲ以テ同法第五十六条第五十七条ニ依リ累犯加重ヲ為シ尚併合罪ナルヲ以テ同法第四十五条第四十七条ニ則リ重キ強盜罪ノ刑ニ法定加重ヲ為シ同法第十四条ノ制限ニ從ヒタル刑期範圍内ニ於テ同被告人ヲ懲役十年ニ處スヘク被告人王ノ強盜ノ點ハ同法第二百三十六条第一項ニ該當スルヲ以テ其所定刑期範圍内ニ於テ同被告人ヲ懲役五年ニ處スヘキモノトス

仍テ主文ノ如ク判決ス

大正十五年二月二十五日

臺北地方法院刑事部

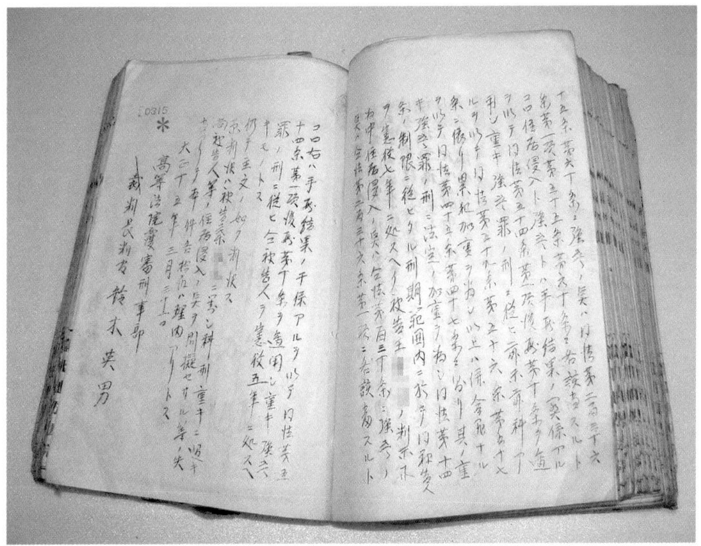

圖4-4：在中國的台灣人犯罪案件由領事移送臺灣總督府臺北地方法院審理（右），並以總督府高等法院為最終審（左）。

來 源：國立臺灣大學圖書館特藏組「日治法院檔案資料庫」。

意義上的殖民地）的法律，以免有失國格。這般「在台灣適用台灣法、到了中國則適用日本法」的法律上處境，將使台灣人更加意識到其之具有日本國籍。

二、日本依國籍歸屬所為引渡、取締與裁判之實例

（一）從中國官方手中引渡至日本官方

在一八九七年五月八日之後，由於台灣人確定地因取得日本國籍而成為帝國臣民，故當其前往已屬於另一個現代型國家的中國大陸時，日本政府得依前述一八九六年《清國及朝鮮國在留帝國臣民取締法》，來實現依國際法所得行使的國籍管轄。於是，今被稱為「抗日英雄」的台灣人，在日治時期即因其國籍是日本，以致被台灣人在漢文化上的「祖國」，亦即中國（清國／中華民國），【21】引渡給日本在台統治當局予以判刑甚至處死。

於一八九九年，台灣人賴阿漢在台北殺害巡查和巡查補後，逃亡到廈門。於一九〇〇年一月二十八日，台灣總督發電報給當時在日本中央政府內職司監督臺灣總督府的內務大臣，【22】請求日本帝國政府出面向中國引渡賴員，並為證明賴阿漢之具有日本國籍，而將賴員之國籍證明書發送給日本駐廈門領事。隔月十四日，台灣總督發函給廈門

為一行諸同人所抱遺憾搜索既無從獲我派遣員姑且向楊副中叩謝周旋之雅 意犒諸從 役兵丁而就所 縛者認明簡大獅正犯嚴重防衛押落敵船將解送於廈門時洪福自念平日與大獅有相援盟約今受艋舺支署密偵之變忽爲翻雲覆雨陷他蹈斯苦境不欲與之同船回廈且恐回船別有惹出事起又念此行要公在縛簡賴二賊簡雖已得而賴尚莫尋不如暫留漳州再查阿乾逃處爰以此意諮同行者不與歸航翌早航達廈門我派遣員四名同押大獅赴道臺衙門交其總兵營禁錮監守以俟便輪附渡來臺無何纔越兩天即去十一日之夜鼓浪嶼德國領事館傍喧傳有清國人一名不知緣何被盜慘殺有身無首莫辨伊誰而其身上猶挾日本人名刺兩片我派遣員等聞之速赴死人處勘驗見其全身有數部受重傷大體略似洪福心竊疑焉乃覓其首得諸隔數十間地溝竇之中係用草以包之審辨形容果然密偵洪福也噫洪福由漳回廈矣遭慘殺是殆賊之羽翼有在廈潛伏者矣我領事官接此情形慮所縛大獅正犯雖交其地方官嚴*加警衛萬一滯延多日我邦依舊道臺諸事有所漏洩意外變端難保不無惹起爰急照會廈道速將大獅送赴淡水丸輪船押解臺北廈道立派該衙役員率兵丁二十名守衛檻車由陸乘船始終甚嚴警備我派遣員別諸守衛導大獅入上等室船內照料一切十分鄭重方大獅之被縛也身上服裝恰如清國上流紳士饒有風采其服上所佩物品亦甚華美迨經道衙拘禁被該衙役褫其服物風采頓失宛如苦力一流其貌嘴前欠缺一齒鼻展似獅兩眼側具黑子痕迹既縛到曾有照之寫眞一見形像可想知其不逞之徒矣前日引致城內第二課經開廷豫爲訊問其擔任查核大獅最初行爲者則艋舺支署長中川警部云

●揚文謝辭 揚文會熱鬧光景略紀前報茲會員總代諸君

圖4-5：《臺灣日日新報》報導日本領事官照會廈門道臺引渡簡大獅。
來 源：《臺灣日日新報》1900年3月17日，3版。

領事，表示爲了逮捕賴阿漢擬派遣台北縣的巡查到廈門。同年三月七日廈門領事，向主管日本帝國外交事務的外務大臣提出報告，表示在搜索賴阿漢時，發現從一八九五年起即一直武裝反抗日本統治、並於一八九八年十二月偷渡至中國的簡大獅也在福建漳州，[23] 因此廈門領事向中國方面的漳州道臺照會，請求逮捕並引渡這些人。結果賴阿漢脫逃而行蹤不明，但簡大獅於一九○○年三月十三日由漳州道臺交給廈防廳，其再轉交日本的廈門領事館；領事即依據《清國及朝鮮國在留帝國臣民取締法》，處以自三月十三日起三年間禁止居留於清國，隔天簡大獅搭淡水丸被送回台灣。【24】同年三月下旬簡大獅立即被臺灣總督府法院宣判死刑並迅速執行。【25】據說，日本係以將一八九五年後仍留在台灣抗日而被俘的清軍劉德杓遣還清朝政府，作爲交換引渡簡大獅回台之條件。【26】

在此例子中，可清楚地看到，在現代的國家與國籍觀念下，日治時期台灣僅是一個殖民地政治共同體，並非一個主權獨立國家，故不能直接就其共同體成員之取締或保護而與其他國家交涉，而必須透過其殖民母國政府的外交部門爲之。若另從這個殖民地共同體內的個人來觀察，則有些人可謂是現代國籍制度下的犧牲品。例如對住在台北士林、具有漢族傳統觀念的簡大獅而言，跟他「同一國」的是種族文化上相同的清朝官民，故當無法在台灣立足時，擬前往種族文化上的「祖國」尋求庇護。但是，簡大獅並不知道其在橫遭妻女家族被日軍所殺之痛後，【27】在由西方傳來的國籍制度底下，竟然只因經過兩年的所謂「國籍選擇」期間，就成了日本臣民，以致在國際法秩序下應接受日本國家權威對其所施展的管轄。或許簡大獅至死，仍不明白導致其被「追殺」的催命符就是國籍。

不過，日本領事的權力對於在中國的台灣人而言，也不必然是負面。新獲取的日本國籍，亦可讓前往中國的台灣殖民地共同體成員，透過引渡而免於任中國官方宰割，但中國當局唯恐權力流失，亦盡量阻礙這類引渡。於一九一二年，日本駐上海總領事向外務大臣報告，台北大稻埕雜貨商陳聚發，在同年一月十八日到中國催債，卻被當地官憲逮捕。該上海總領事即以陳聚發具有日本國籍，縱令其有犯罪之實，亦應由駐上海的日本領事館來處置，而向中方要求引渡。中方則以陳聚發在福建省內置產，依據《大清國國籍條例》之規定其非日本人，但拒絕引渡的同時，還是向日方照會要確認其取得日本國籍的日期。待日方提出陳聚發取得日本國籍的日期後，中方仍認爲因其在清國置產而具有清國籍。日方乃再次主張：清國拘禁擁有日本國籍的人係違反條約之行爲，陳聚發是否在福建省內置產與其擁有哪一國的國籍毫無關係，並要求立刻引渡之。【28】今從日本官方檔案尚難確知該涉案的台灣人是否被引渡給日本領事，但如前所述，中國於一九〇九年制定國籍相關法令時，爲對抗外國之對外國籍漢人主張國籍管轄原則，竟將所有在中國內陸地區置產的漢人皆視爲具有中國國籍，此對於台灣人能否被引渡造成一定的影響，並可能引發日、中兩國的爭議。

透過引渡制度，居住於中國的一般台灣人或接受當地日本領事的處分，或回台灣接受殖民地法院的裁判，但至少可免於受中國官署及其法律的管轄。此對於住在法治尚未上軌道之中國的台灣人，還是具有一定的正面作用，雖然從中國人的立場，這未免是在傷口（中國喪失法權）上灑鹽。以一九二六年的廈門為例，當時該地係由中國海軍所占領，實施軍政。故各種刑事犯罪係由海軍軍法會議，亦即軍事法庭，以一審終結方式為裁判，處以極刑者不少，或在市集眾人目光下戴首枷為其他刑之執行。但一旦引渡至日本領事館，經調查後可能以罪證不足為不起訴處分，即使是有罪判決也須在法定刑範圍內為之，較不用擔心被處以極刑。【29】按廈門一地並非特例，當時整個中國的刑事司法狀況普遍受到批評，犯罪嫌疑人在偵查階段幾無人權可言。曾起草中國的刑事訴訟法典但因案遭羈押的羅文幹，對北洋政府時代（一九一二—一九二八）司法實況曾沈痛地說：「外國審判先有罪而後有刑，中國審判先有刑而後有罪」，甚至以「我國依法侵害身體自由之苦痛，甚於非依法之侵害」，批判當時檢察官之聽命於行政長官而濫行羈押權。【30】因此對於被中國當局視為犯嫌的台灣人而言，能在刑事訴訟偵查階段即被引渡至日本法權底下，係相對地較有利。

惟倘若係在台灣犯罪而潛逃至中國的台灣人，則其當然不希望因具有日本國籍而被引渡回台灣受審，而中國政府基於主權的考量，對日本所提出的引渡要求也不會輕易答應。一九二九年，日本領事向中國外交當局提出一件具有爭議的引渡案。日本領事依在台灣照相館所拍攝的照片等證據，主張王朝恭在中國化名爲王士諤、陳傳枝在中國化名爲王劍秋，此二人均是台灣籍民，蓋依臺灣總督府之戶口調查簿，其父於日治之初因條約所規定的國籍選擇而取得日本國籍，故此二人出生後即有日本國籍，後來亦不曾辦過脫離日本國籍的手續。再基於其在台灣涉嫌僞造文書詐欺取財罪遭通緝中，請求引渡回台灣受審。在中國因案被羈押之名喚王士諤與王劍秋者，則以中國國民黨安徽省黨務指導委員會函中已確認其爲該黨黨員，中國特種臨時刑庭處分書亦載明其爲福建晉江縣籍，故其具有中國國籍，應受中國國內法管轄，並以患重病爲由申請保外就醫。中國外交當局則表示，從日方提供的照片看不出王朝恭與王士諤、陳傳枝與王劍秋的同一性，故拒絕日方引渡要求。【31】該案的事實認定是否屬實已無從判斷，但對於兩位涉案者而言，若被認爲是台灣籍民即可能被引渡回台灣定罪，若具有中國國籍就有機會依中國法律以保外就醫爲名獲得釋放。

在一九三〇年代中日戰爭發生前，確實是有一些在中國的台灣人涉入刑案，且引渡給日本領事爲處置。例如一九三四年台灣籍民陳崙強盜傷害案件：【32】一九三四年三月

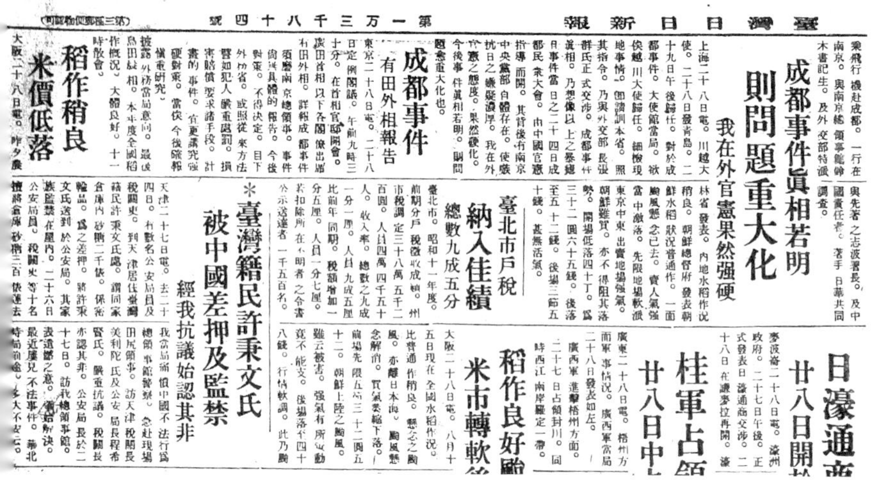

臺灣日日新報　第一万三千八百四十號

成都事件眞相若明
則問題重大化
我在外官憲果然强硬

成都事件
有田外相報告

臺北市戶稅
納入佳績
總數九成五分

稻作良好颱
米市轉軟

日濠通商
廿八日開

桂軍占領
廿八日中

稻作稍良
米價低落

＊臺灣籍民許秉文氏
被中國差押及監禁
經我抗議始認其非

天津二十七日電。去二十四日。有數名公安局員及稅關吏。到天津居住臺灣籍民許秉文氏處。謂同家倉庫內砂糖二千俵。係密輸品。爲之差押。將許秉文氏送到於公安局。其家族監禁在屋內。二十六日公安局員。稅關吏等十名擅將倉庫砂糖三百俵運去。我當局痛憤中國不法行爲。總領事館警察。急赴現場田尻領事。訪天津稅關長美利陀氏及公安局長程希賢氏。嚴重抗議。稅關長亦認其非。公安局長於二十七日。訪我總領事館。表遺憾之意。漸始解決。華北最近屢見不法事件。時局前途。多大不安云。

圖4-6：透過新聞報導，在台灣的一般人亦可知悉，台灣人若在中國涉及刑案，將因屬日本臣民而由日本當局處置。

來 源：《臺灣日日新報》1936年8月29日，12版。

二十日，廈門台灣籍民陳崙與中國人洪連、翁仁田共謀強盜傷害台灣籍民李西瓜；被告陳崙係在台北太平公學校畢業後，一九三二年五月由養母帶至廈門居住，而被賭場僱用為雜役。還有一九三四年台灣籍民陳福來等十一人廈門強盜事件，【33】一九三四年四月二日，擔任賭博場保鏢的陳福來、鄭添財、王洗、張讚燧、郭來生、謝水德、張木英等七名廈門台灣籍民，與四名中國人共謀強盜傷害中國人邱世定；中國公安讓主謀的四名中國人逃走，卻只逮捕台灣籍民而引渡給日本領事館。以上兩案，台灣的地方法院於一九三四年十一月十二日判刑，在《臺灣日日新報》上有報導。【34】該報亦曾刊載：一九三六年八月二十九日天津「台灣籍民許秉文氏　被中國差押及監禁　經我抗議始認其非」，其指出台灣籍民許秉文遭到中國官員查封其物並監禁之，經日本領事館警察前去抗議，中方後來承認係錯誤。【35】透過新聞的報導，台灣一般人或多或少也知悉，若在中國涉及刑案，將因日本臣民的身分而由日本當局處置。

（二）對於在中國之不良行爲的取締

不容諱言的是，有些台灣人藉由不受中國官府管轄權之勢，而獲取不正當利益。依臺灣總督府之報告，於一九一〇年代前期，許多品行不良的台灣人來到語言相通、文化近似的中國福建廣東一帶，在日本領事館警察人力不夠，中國當地政府行政或司法管轄權復不及於台灣籍民的情況下，大肆從事經營賭場、妓館或販賣鴉片等惡行。因此一九一六年五月之後，臺灣總督府幾次派遣警察官到廣東、汕頭、廈門、福州等地，並與當地的領事官一起會同查案，以進行取締及拘留那些不良台灣人，使情況有所改善。【36】

從結果上可謂，台灣統治當局已將其警察權延伸至台海對岸的中國土地上。例如，一九一六年七月間，臺灣總督府派遣警部一位及巡查十二位至福州，與日本駐福州領事

第二節　保安警察上ニ於ケル現在ノ施設

(イ)犯罪人取締　對岸ハ不逞徒輩カ唯一ノ隱匿地トシテ陰謀其ノ他ノ画策ヲ為スノミナラス所謂司法警察上ノ要視察人モ亦此ノ地ヲ唯一ノ樂天地トナシ各種ノ犯罪ヲ敢行シツヽアリ而シテ此等ノ徒輩中ニハ或ハ臺灣籍民アリ或ハ支那革命黨員アリ或ハ地方ノ土賊アリ隊ヲ結ヒ伍ヲ成シ公々然トシテ横行濶歩セリ就中籍民中ノ慓悍ナル者ニ至リテハ支那官憲ノ力及ハサルヲ利用シ賭博場阿片窟吸食所等ヲ開場シ不正ノ利ヲ圖ル等各種ノ非違ヲ敢テスト雖我領事館ニ於テハ警察官ノ數僅少ナルカ*為充分ナル取締ヲ厲行シ能ハサリシヲ以テ昨大正五年五月我督府ハ警部以下十一名ヲ厦門ニ差遣シ領事館ト協力シテ此等不逞ナル籍民ノ檢束ヲ嚴ニシタル以來彼等モ其ノ威力ニ恐レ互ニ戒ムルノ狀ヲ呈セリ然レトモ宿弊ノ根ニ入リ一朝一夕ニシテ之ヲ芟除シ得ヘクモアラス今尚ホ派遣警察官ヲシテ警戒ヲ嚴ニセシメ漸次之カ目的ノ遂行ヲ期シツヽアリ

圖4-7：台灣總督府可將警察權延伸至中國，曾派遣警察官吏協同領事館取締不良台灣籍民。

來 源：《臺灣ト南支那トノ關係及現在ノ施設竝將來ノ方針》。

館警察署合作，掃蕩不良的台灣籍民。首次即逮捕：無旅券且應係無賴漢者四名、有旅券但未申報居留者四名、有總督府發給之吸食鴉片許可證者三名、逗留在鴉片吸食現場者九名、中國之吸食鴉片者二十名。其中具中國籍者即引渡給中國警察當局，其餘台灣籍民則拘留於領事館之拘留所。領事館方面認為此對於其之取締台灣籍民很有效果，中國官民亦非常肯定，認為有助於中日親善，甚至希望能將兩位巡查暫時留在福州，以防惡勢力再起。【37】

一九一六年九月起，臺灣總督府為了與對岸的領事館在共同打擊犯罪上相互配合，數次邀集日本駐廈門、福州、廣東等領事館來台進行協商會議。會中，領事館方面表示為求其駐地台灣籍民的品質有所改善，請台灣各地方廳應對於擬前往中國者詳細調查後，方可許其渡航；總督府方面則表示台灣沿岸有不少海賊的根據地在彼岸，故請領事館調查該等海賊之根據地及其狀況後，一方面要求中國政府取締之，另一方面報告外務省與臺灣總督府，臺灣總督府將與日本外務省及海軍協調後，依適當的時機及方法，剿滅海賊根據地。【38】換言之，拜日本國力與軍力之賜，臺灣總督府為維護台灣本身治安，可相對方便地將手伸入台海對岸的中國福建廣東。

若略為回顧，其實從日治初期起，臺灣總督府即以旅券制度作為管制台灣人前往中國的手段之一，但是無旅券而進入中國者仍相當多，例如在台灣有犯罪前科者，或在台灣觸犯刑法而擬逃亡至台海對岸者，很可能不向總督府申請旅券而偷渡至中國，又如前述台灣籍民遭除籍後但仍居留於中國者亦屬無旅券者，於一九一〇年代前期，在廈門、福州等地之人曾對具有惡行的台灣籍民稱爲「台匪」。日本領事館認爲這些不良台灣籍民經常與中國人無賴漢共謀爲不法行爲，引發其與中國官員之間極不愉快的交涉事件，影響日中國交，不良籍民數目之多使得領事館警察署內拘留所擁擠不堪，不能不予以遣送回台。【39】這也是如前所述，廈門、福州等領事館與臺灣總督府合作，並請台灣警察前往該地協助取締的原因。不過，所謂的「台匪」似乎僅一部分係台灣人，其餘則是中國當地人假冒台灣籍民或已被除籍者；不良台灣籍民因涉嫌犯罪而遭中國官方拘捕監禁時，經常聘請日本人辯護士（律師）出面與中國官方、日本領事等交涉，一旦臺灣總督府確認該人係台灣籍民，領事即須向中國請求引渡，而由日本領事爲裁判（含起訴與否），或遣送回台。【40】於一九一五年時，還曾發生在台北市執業的日本人辯護士長嶺茂，爲牟取不法之私利，而替住在廈門的中國人於台北廳辦理「編入」台灣籍的醜聞。【41】

不過，無旅券而進入中國者，不必然皆是不良台灣人。【42】當時向臺灣總督府申請赴中國的旅券，所需時日相當長，且可能受警方刁難。從一九〇八年起，台灣人前往日本內地不須持「內地渡航券」，而從日本內地赴中國則不須旅券，[43]所以純粹想到中國經商或唸書的台灣人，即可經由日本內地前往中國，以省去向臺灣總督府申請旅券之苦，但亦成爲此處所稱「無旅券」前往中國者。由於該旅券制度，增加擬前往中國的台灣人在時間和金錢上的成本，故至一九二〇年代，已有不少台灣人政治異議者主張廢除此一旅券制度，好讓台灣人更易於在中國華南發展，[44]但日本統治當局始終不爲所動。從國籍觀念的角度，台灣人在這件事情上受到與其他具日本國籍者不一樣的對待，可能減損台灣人對這個國家，亦即日本的向心力。

但從結果上來看，前揭旅券制度使得日治下台灣人從實際生活中，即能感受到台海兩岸爲不同的政治共同體、兩邊人民擁有相異的國籍。[45]例如，一九二〇年代台灣人政治異議者所辦的《臺灣民報》，所下的社論標題爲「希望撤廢渡航中國的旅券制度」，文中謂：「若論往中國，臺人豈不是比內地人更有許多的利便嗎？……況且臺人的祖先也是從中國移來的」，並以「使臺人能得自由發展於海外，方是帝國經濟膨脹的一個法子了」作爲結語。其清楚地區分台灣人與內地人，凸顯台灣人在日本帝國內的外地人身分，又不斷地稱呼台海對岸爲「中國」，而以前往該「海外」拓展「帝國」，亦即日本的經濟爲訴求，當然是認知到中國係屬外國。

THE TAIWAN MINPAO

臺灣民報

大正十二年四月十一日第三種郵便物認可

本期題目

希望撤廢渡航中國的旅券制度

第貳卷（旬刊）第廿一號

圖4-8：《臺灣民報》社論「希望撤廢渡航中國的旅券制度」（1924年10月21日）。

來 源：《臺灣民報》第2卷第21號。

日本政府對於在中國之台灣人的政治活動，當然更加敏感。按約自一九二〇年代起，已有一些不滿日本在台統治而居留於中國的台灣人知識菁英。當中大多數已從現代法政教育裡了解到其並無中國國籍，故乃是請求同屬漢族、但不同國籍的中國人的協助「我們」反抗日本帝國。例如，一九二四年五月在上海的「臺灣自治協會」發表宣言，謂「冀我臺灣人，應從根本作民族的覺醒，更願我親愛的中國人，幫助我們的自治運動。」【46】同年六月，一些旅居上海的台灣人與在上海的朝鮮臨時政府的幹部成立「臺韓同志會」，並發表〈我們要請教中華國民〉一文，鼓吹中國國民「援助我們的獨立運動」；【47】參與者顯然是認爲台灣係與朝鮮同爲殖民地政治共同體，且應追求成爲主權獨立的國家。一九二五年四月在廈門的台灣學生與中國學生組成「中國臺灣同志會」，有鑑於有些台灣不良份子來廈門敗壞治安引發民怨，故強調「臺灣人是中國人的同胞，是廈門人，是漢民族」，但還是分就「旅廈門臺灣同胞們」、「廈門的中國同胞們」提出不同的呼籲，【48】亦即仍視台、中爲不同的政治共同體。此外，在南京的台灣學生於一九二六年三月與當地學生組成「中臺同志會」，欲團結「中國」與「台灣」兩地民眾，共同對抗日本帝國主義，並表示中國和台灣都要尋求自由獨立，且同出自漢族源流。【49】較特殊的是，於一九二六年十二月在廣東成立的「廣東臺灣學生聯合會」及其他類似團體，因與持中國國族主義的中國國民黨關係密切，故採取「一個臺灣人告訴中國同胞書」的方式，認爲「臺灣人也是中國人」，希望「中國民眾一起援助臺灣革命」，但也曾表示「臺灣是臺灣人的臺灣」，按其基本立場是期待中國革命勢力能將日本帝國驅離台灣。【50】

正因這批在中國的台灣知識菁英具有日本國籍，其很難以跳脫出日本領事的監管。其實上述在中國的台灣知識菁英人數並不多，但今之研究者卻可輕易地知悉其活動和文宣內容，乃因他們在中國的一言一行都遭日本領事警察嚴密看管，故相關的記載得以留在日本官方檔案內。而這些在中國的台灣人於內部開會時，亦曾提及「廈門偵探甚多」，【51】可見其相當明白日本國家力量的無所不在。

當在中國的台灣人異議份子，逾越了日本統治當局所設定的紅線時，領事警察就可能動手逮人，甚至送回台灣進行司法審判。屬於上述廣東台灣學生團體成員的張月澄，於一九二七年被上海總領事運用領事警察權加以逮捕，再移送給臺灣總督府，台灣當局另在台灣逮捕與其相聯絡者共計二十餘人，經起訴後由臺灣總督府法院判決有罪者達十一人。【52】又如幾位信仰共產主義的台灣人組成「上海臺灣學生讀書會」，其於一九二七年在上海進行各項活動時，即被上海領事館警察監視。按這些台灣人共產主義者係於一九二八年四月十五日在上海成立「臺灣共產黨」，在該日之前的同年三月三十一日，已有四位成員被領事警察所檢舉，但並未被課以刑事處分，僅被遣返台灣而已，但在該日之後的四月二十五日又有五位成員被檢舉，此時因爲領事警察已於彼等居所（在法國租界內）內發現臺灣共產黨的文書，故對該五人，以觸犯《治安維持法》之刑事嫌疑犯身分，押送臺北地方法院。【53】此外，幾位在廈門的左傾台灣學生，於一九三一年六月組成「廈門反帝同盟臺灣分盟」，亦因受到廈門領事館警察的鎮壓而名存實亡。【54】總之，日本帝國在中國之擁有領事警察權，使得對抗日本殖民統治之在中國的台灣人，由於背負著日本國籍，而難以得到在現代法上已是「不同國」的中國之庇護。

三、本於日本國籍而要求保護

距台灣人國籍選擇確定日才兩個月的一八九七年七月間，就有居留於廈門的台南縣民侯鏡清以具有日本國籍而請求日本領事保護其利益。按侯鏡清原與陳悅周一起在台灣合夥做生意，台灣主權變動後，陳悅周決定「內渡」回清國，居住於廈門，侯鏡清則以不遷離台灣的方式選擇了日本國籍。侯鏡清接著來到廈門與陳悅周就雙方事務進行交涉，陳悅周認爲侯鏡清「侵盜店款」故留置侯鏡清之家眷十一人及其物品，侯鏡清即於一八九七年七月間向日本駐廈門領事爲請願，控訴陳悅周之作爲，日本領事立即咨行廈防廳，其後陳悅周送還八人及部分物品，廈防廳亦認爲陳某已無應送還之人及物品。同年九月日本國全權大臣向清國總理各國事務大臣發文，要求其促閩浙總督飭廈防廳審理此案，送還其餘三人及物品及照律懲處陳悅周。由於陳悅周並未放人，侯鏡清向日本當局爲第二次請願，同年十一月日本國全權大臣再請清國總理各國事務大臣關注此事，清方則回覆其已處理，並稱雙方係以「留匿三人盜取金飾」及「侵盜店款」互控，於是侯鏡清又向日本領事提出「稟帖」，再由日方抄錄予清方。隔年的一八九八年五月間侯鏡清向日本領事提出「哀告書」，告以本件仍未獲解決，至六月底日本國全權大臣即發文清國總理各國事務衙門，請其催促地方政府從速公斷。值得注意的是，一八九八年九月侯鏡清曾向日本領事「申告」，表示英國領事應陳悅周之請而欲傳訊他。似乎陳悅周有意引進英國勢力，來抗衡侯鏡清所仰仗的日本國勢力。一八九八年十二月清國總理各國事務衙門已向日方表示其將催促閩浙總督對此案「秉公訊結」，但最後的結局不知。【55】這個案例顯示，日治初期某些台灣人已知悉擁有日本國籍後，就可請求日本政府出面與中國政府交涉，且日本外交當局也因此而有所作爲。

台灣籍民曾以日本臣民的身分，請求日本國改善其在中國的司法上待遇。一九〇六年二月間，有一份由居留廈門的日本人聯合在當地開設洋行的漢人（僅有漢人式的姓名，無法進一步辨識其身分），向日本帝國眾議院提出的請願書，提出如下理由，而請求日本與清國訂約，以在廈門實施「立會裁判制度」。

清國官憲向來不遵守日清兩國間的條約，經常漠視我領事所爲照會，以致我們日本臣民憚於身體財產受蹂躪。福建省沿岸自古即爲海賊出沒之處，……臺灣戎克船遭此海賊掠奪載貨殺傷船員……前後多達十幾艘。……被害者經由我領事之手向清國官憲請求損害之賠償及處罰加害人，卻一直不得要領。他們對領事的回答，總以雖經過數年了還在搜尋犯人，且尚未發現贓物作爲理由，縱使被害人已特別記明海賊的居所及姓氏而爲請求，其回答依然同樣是該理由。……我臣民權利被枉屈，身體財產上蒙受損失。……

一、臺灣籍民陳大鑫，……於漳州府龍溪縣作爲民事訴訟的證人而出庭，縣正堂無故逮捕其下獄，……迨見其因肺病發作而咳血，始倉皇釋放之。

一、臺灣人戴熙，……於同一縣公堂上因拒爲叩頭之禮而激怒知縣，被逮捕而責以笞鞭，……。

一、臺灣人蘇南，為年齡七十餘歲的老人，於泉州府惠安縣被拘禁於獄裡達三年之久，猶未斷其之有無犯罪，……死於獄中。

一、臺灣籍民邱維漢，基於某中國人以自己所有的家屋為抵押而為貸與金錢，因清償期限已屆未清償，而要求讓與家屋所有權以免除該債務。……屢次經我領事照會清國官衙，其卻冷淡地不採何等作為。

一、臺灣人黃爾學，……於廈門市街改造自己家屋即將落成之際，突然遭清國人暴徒數十名來襲破壞之，清國官吏卻毫無鎮撫……。

一、眞宗大谷派本願寺安海布教所……通譯臺灣人雷振聲被凶徒帶走，經兩日後在海上發現其屍體。

一、於潮州府澄海縣臺灣人陳義與被清國官吏拘禁，……至今猶在牢獄中呻吟。

……吾人係帝國臣民，就被害事件，這十年間，經我領事向清國官衙請求照會，前後有數百件之多，但能得到好的結果者，不能不說是沒有或幾乎沒幾件，……。【56】

如同爭訟者總傾向於僅陳述有利於己部分，以上亦屬片面之詞，但值得注意的是，提出該請願書者一再以一八九五年起台灣歸入帝國版圖、自己乃是日本臣民，亦即具有日本國籍，且身體財產受到威脅，作爲要求日本政府有所行動的理由。不過，各有立場的當事人、臺灣總督府、領事館等所認知者，可能還是莫衷一是。例如，此處被稱爲「臺灣人」的蘇南，在外務省的報告中，被認爲係一九〇四年利用「戶籍編入遺漏」以「入籍」的管道來假冒台灣籍民的顯例。【57】但就算蘇南一案眞的是在人被中國官府拘禁之後，始想辦法「入籍」以要求日本領事出面交涉，亦顯現出在日本領台後不過幾年的一九〇四年，有一些人已知悉可用「入日本籍」，作爲救援在中國「出事」者的手段。

日本雖欲保護在中國的台灣人的權利，但還是須與作爲另一個主權國家的中國協調。如前所述，一九〇九年二月間日本政府已表明台灣籍民在中國既有的所有權不應因國籍變更而生變，然這般保護本國籍之人的立場，爲中國政府所排拒。於一九〇九年，清朝官員（惠潮嘉道）在發給台灣人至中國內陸地區「遊歷」的執照時表示，若該台灣人「在中國內地置有產業，及爲田土等事爭訟，即應仍照中國民人辦理，不得再以日本臺民看待」。但日本（汕頭）領事對此以「不符合兩國條約」爲由，不予承認；直到同年八月間，雙方仍如是僵持著。【58】直至一九二〇年代，日本與中國雙方對此議題還是各自表述。

另有一兄弟爭土地之案例。該案中某土地一直以來是這五個兄弟共有使用獲得收益，但是五個兄弟中二位弟弟在日本領有台灣時取得台灣籍民的身分，因此仍有中國籍的三個哥哥主張，該二位弟弟們在取得台灣籍民身分而變成外國人時，他們的土地所有權已經消滅，而向廈門領事館請求確認此事。【59】此時廈門領事仍堅持：清國政府應承認台灣籍民在清國土地的所有權。【60】按此時不單是五個兄弟間財產爭議爾，而是已牽涉到兩個國家的政治角力。在這種情形下，在台灣的漢人對於能保護自己利益的日本國籍，當然比中國國籍感到親切。

日本於必要時，不惜出動軍艦及陸戰隊到中國進行護僑，而受益者經常就是台灣人。一九二三年九月十八日在廈門爆發「台吳案」，台灣籍民自衛團與當地中國人「吳派」因民事糾紛而釀成「雙方發砲」、十二人受傷的武裝衝突。於十九日，約三十名台灣籍民被吳派當作人質，引發更大衝突，全市陷入混亂，日本駐廈門領事爲保護台灣籍民，即請澎湖馬公港的軍艦前往支援，且約二十名日本陸戰隊在廈門上陸。二十日中國官方與日本領事開始處理這項爭端，但台灣籍民自衛團本部已有受吳派攻擊的危險。二十一日台、吳兩方續有衝突，從馬公來的另外兩艘軍艦進入廈門港、約五十名日本陸

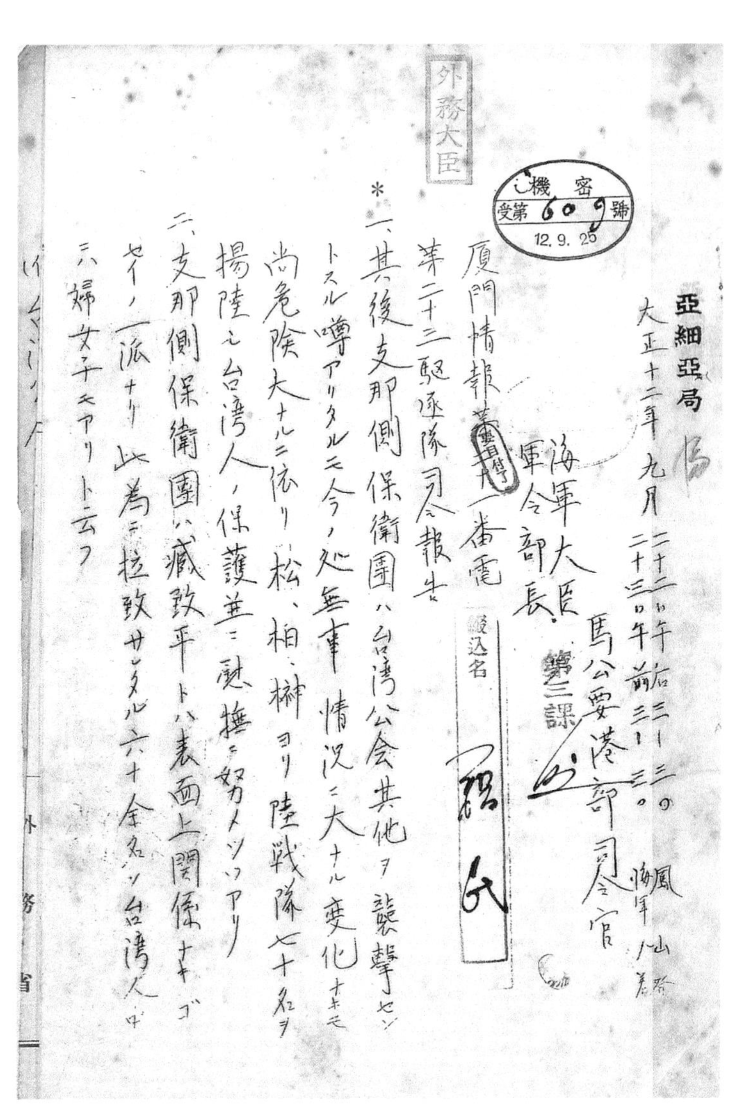
亞細亞局

大正十二年九月二十二日午后三、二〇
二十三日午前三、三〇

馬公要港部司令官

海軍大臣
軍令部長

第三課

外務大臣

機密 受第609號 12.9.25

綴込名

厦門情報第二十一番電

第二十三驅逐隊司令報告

一、其後支那側保衛團ハ台湾公会其他ヲ襲撃セントスル噂アリタルモ今ノ処無事情況ニ大ナル変化ナキモ尚危険大ナルニ依リ松、柏、榊ヨリ陸戦隊七十名ヲ揚陸シ台湾人ノ保護並ニ慰撫ニ努力メツツアリ

二、支那側保衛團ハ臧致平トハ表面上関係ナキモ其ノ一派ナリ此為ニ拉致サレタル六十余名ノ台湾人中ニハ婦女子モアリト云フ

圖4-9：1923年馬公港出發的松、柏、榊三艘軍艦及70名日本陸戰隊至廈門「保護台灣人」。

來 源：日本外務省外交史料館提供。

戰隊亦上陸。於二十二日，已有七十名日本陸戰隊執行保護台灣人的任務，掌控廈門的「民軍總司令」臧致平則與日本駐廈門領事會商，決定對本案組成一個日本、中國各五人（內含三名台灣籍民代表、三名吳派代表）的解決委員會。同年十月九日該解決委員會第一次開會，會中述及此案為「中日兩國之不幸事……，故不由兩國官憲直接辦理，而另組委員會」，該會「如海牙和平會是也」。同年十一月二十七日第五次談判會議終於獲致解決方案：確認吳派的吳森為肇事禍首由中國官廳懲辦，台、吳雙方施暴者各由所屬國官員依法究辦，解決此事所需金額為一萬三千元，台灣籍民領一萬元、吳派領三千元。【61】於衝突的過程及就最後的解決，廈門的台灣人不會感受到擁有日本國籍的重要嗎？

在中國的台灣人對於國籍，正是著重於可藉此獲得某些好處。按在國族上的身分，台灣人的確是「亞細亞孤兒」——中國人認為其是日本人，【62】日本人又認為其是中國人。【63】但是在一定程度上，台灣人卻可以藉此模糊空間來追求其個人利益。例如當時有些台灣士紳，藉由同時擁有中國和日本兩國籍，來保障其財產上的利益，將國籍的使用與個人利益相結合，而不認為國籍涉及對所屬國家的忠誠與否。

當主張將日本勢力驅離台灣的台灣人，在中國遭到軍警逮捕時，也同樣基於利益考量，依日本國籍尋求日本政府的保護。例如林文騰於一九二七年因廣東省台灣學生聯合會事件遭中國當局逮捕，差點被槍斃，由於其表示自己係台灣人，中國當局愕然而將他護送至福州，駐福州之日本領事館卻不承認他的身分，結果經由當地的蔡惠如等人士多方奔走和交涉，日本領事館透過臺灣總督府之照會，知其係抗日份子乃將之遣返台灣。當時日本領事館官員曾嘲諷地說：從事革命運動時化名爲中國人，一旦遇上危險就強調自己是日本籍國民——這是一般台灣人的作風。這種敗類何必去保護呢？讓他們去被沒有法治觀念的中國政府槍斃吧。【64】又，批判日本在台殖民統治而前往中國的張秀哲，在租界裡被英國警察逮捕時，自忖「要做中國人也有被誤會或要負生命的危險」，故仍決定使用「帝國主義者的治外法權」，主動表明自己是台灣人，以求被移送至日本領事館，且在日本領事館還敢對警察嗆：「日本的法律是只可審問不准打人的，你若是對我亂來，我就要跟你提起訴訟的！」，似乎他對日本的司法程序比對中國的司法程序有信心。【65】

惟在日本與中國陷入戰爭狀況之後，居住於日本勢力所未及的中國地域的台灣人，已難以得到日本國的保護了。例如一九三七年中日戰爭爆發後，在南京開業行醫的台灣人戴天青（添曲），因受間諜案牽連而在南京被槍決；在福建的台灣人，也曾被集中送

圖4-10：孩時的張秀哲（中）與父母合照。
來　源：衛城出版社提供。

到福建北部的崇安。此時作爲「亞細亞孤兒」的台灣人再次發揮其「求生」本能，經常依其所操語言之爲福佬話或客家話，而在中國政府控制地域自稱是福建人或廣東人，以掩飾台灣人之身分，除非是在屬於日本勢力範圍內，例如滿洲國，台灣人才可以不必掩飾身分。【66】也由於戰爭期間大半台灣人被疑爲奸細特務，【67】不少人投靠與日本關係甚深的中國傀儡政權，以使其安全較有保障；不過亦有人數不多的台灣人前往重慶支持抗日的國民政府，其大半在中國受過教育，或者娶中國太太，又或者特別得到國民黨高官的青睞。【68】還有人數更少之前往延安投奔中國共產黨的台灣人，例如蔡孝乾。【69】

四、本於日本國籍而參與國家對外活動或戰爭

一九三二年來自台中的張星賢，於四百公尺紀錄達到奧運參賽標準後，參加了在美國洛杉磯舉辦的第十屆奧運會，一九三六年他再度參加在柏林的第十一屆奧運會；這個第一位參加奧運的台灣人，所代表的是日本國。【70】換言之，由於具有日本國籍，日治時期台灣人係以日本臣民的身分參與國際活動。因此本於國籍制度，台灣人在國與國之利益相衝突時，效忠對象乃是日本，故如下所述，台灣人曾爲國籍所屬的日本從事海外統治工作。

有些不願在台灣被殖民當局歧視的台灣人，卻仍本於日本國籍而在中國爲日本帝國做事。例如，少年時代即至日本唸書、京都帝國大學畢業的藍家精（國城），返台任職於高雄州內務部教育課時，無法忍受殖民地官廳內對台灣人的歧視，而決意到中國發展。然而，一九三七年其前往中國，係進入日本的支那派遣軍總司令部，並受命與一九四〇年成立的汪精衛國民政府商討如何推動「和平」政策，後來升任中將。【71】其同時是汪精衛國民政府的僑務委員，且在國民政府軍政部擁有軍職。【72】就此而論，藍家精在當時是站在日本帝國這一邊的。

（三）任務及活動

警察隊ハ上陸後現地情勢ノ推移ニ依リ其ノ任務ニ變遷アリ之ニ伴ヒ其ノ都度必要ナル編成替ヲ行ヒ其ノ活動モ亦異ルヲ以テ便宜之ヲ三期ニ分チテ記述スルコトトスベシ

第一期（自五月二十六日 至六月七日）

一、編成

廈門派遣ヲ命ゼラレタル警察職員ハ細井府警務課長引率ノ下ニ他ノ總督府調査團員ト共ニ昭和十三年五月二十六日香港丸ニテ基隆ヲ出帆セリ

其ノ員數ヲ階級別出身州別ニ示セバ次ノ如シ

*

階級別＼出身州別	臺北州	新竹州	臺中州	臺南州	計
警部	—	一	—	—	一
警部補	一	一	一	一	四
巡查部長	六	二	八	八	二四
巡查 内地人	一五	七	一五	一八	五五
巡查 本島人	五	二	六	五	一八
（巡查小計）					七三
計	二七	一三	三〇	三二	一〇二

外ニ臺北州衛生課長モ加ハレリ

然ルニ廈門ニハ五月十九日先發職員トシテ五名ノ職員アリタルヲ以テ百二名ノ派遣隊ト合體シテ總員百七名トナリ五月二十七日午後上陸スルヤ直ニ陸戰隊本部附及各部隊附トニ分レテ各々其ノ任務ニ就ケリ　尚細井府警務課長ハ警察隊長トシテ陸戰隊本部ニ勤務スルコトトナレリ

圖4-11：台灣人巡查參與戰爭時期日本對金門、廈門的占領區統治。
來　源：《支那事變大東亞戰爭ニ伴フ對南方施策狀況（改定版）》。

具日本國籍的台灣人，曾一定程度參與了對中國占領地的統治。日本海軍於一九三七年十一月占領廈門對岸的金門島、一九三八年五月占領廈門，有鑑於台灣素來與廈門關係密切，故於展開統治時即請臺灣總督府協力。臺灣總督府乃從台灣現職警察官中選出一百零七位派往廈門，擔任「海軍囑託」，配屬於陸戰隊，便宜上稱呼爲「海軍警察隊」，當中有十八位是台灣人巡查。【73】一九三九年二月日本海軍占領中國的海南島，同樣請臺灣總督府協助其處理當地政務。例如爲了在海南島推廣日語教育，而請臺灣總督府支援日語教師；在總督府派遣至海南島的三十位日語教師中，有十位是台灣人。另外，臺灣總督府也曾先後派遣一百六十六位、兩百位警察官前往海南島擔任「海軍囑託」，在軍部指揮下維持治安，雖不知確實數字但當中極可能有若干台灣人巡查；且一九四二年時臺灣總督府曾選拔「壯丁團員」五百名至海南島充任巡查補，這批壯丁團員應該有很多是台灣人，這些台灣人巡查補被當作「補充兵力」，實等同軍人。【74】在當時的日本官方文書，乃至一般人觀念上，稱爲「內地人」的日本人和台灣人、中國人是三種不同的人群歸類，但在中國，台灣人爲什麼位居統治階層？當然是因擁有日本國籍之故，然又何以只是低階官員？台灣人亦心知肚明原因出在台灣僅是法律上稱爲「外地」的日本殖民地。

相對於本於國籍要求國家保護，國家也本於國籍要求國民盡其忠誠義務，包括在日本國與他國發生戰爭時，要求台灣人必須參與。一九四一年十月臺灣總督府應軍方的請求，派遣「特設勞務奉公團」前往中南半島戰區，從事構築軍事工事、提供勞務、耕作軍需物資等「軍夫」的工作，計有九百九十七人，雖不知其身分背景但應是以台灣人爲主，其於一九四二年三月返台時，有四人戰死。在日本與美國開戰後，臺灣總督府再編成特設勞務奉公團計一千零三人，於一九四一年十二月派往菲律賓北部參與登陸作戰，擔任軍隊後勤勞務，包括飛機場的整建等，其於一九四二年七月返台時，已有一百零六人戰死。此外，一九四二年還曾先後派遣四批特設勞務奉公團，赴戰地擔任軍夫工作，也都有戰死者。【75】更悲壯的是由台灣高山族原住民所組成的「高砂義勇隊」，以協助日軍在東南亞的作戰而提供艱辛勞務的「軍屬」身分，自一九四二年三月間前往菲律賓開始，【76】爲日軍效命。對台灣人而言，日本國籍不再是只有好處而已。

終於台灣人因將近五十年前不甚了解其意義地「選擇」了日本國籍，而在日治末期被要求善盡服兵役之義務、以「軍人」身分上戰場貢獻生命。隨著日本對外戰事吃緊，不得不動員台灣人從事正規的軍事戰鬥任務，故先於一九四二、一九四三年在台灣招募志願兵，進而於一九四四年準備對台灣人實施徵兵制，一九四五年一月即對四萬五千七百二十六位男性的台灣人進行徵兵檢查，且其大部分入營成爲現役軍人。【77】此意味著具有日本國籍的台灣人，必須以生命來捍衛其所屬的國家；惟徵兵制實施數個月後，日軍即告戰敗投降。

共有十三多萬台灣人因具有日本國籍而成爲軍人或軍屬（未包含軍夫），爲這場日本發動的戰爭付出生命或青春的代價，因而死亡者尤以提供日軍勞務的台灣人軍屬爲多。依日本軍方於戰後的一九五三年一月三十一日，針對台灣人軍事人員所做統計，在軍人部分，死亡：一千一百四十七人（台灣軍最多，爲六百七十八人）、復員：五萬二千二百零五（台灣軍最多，爲四萬八千零六人）、狀況不明：（一）推定爲生存：八千七百六十七（臺灣軍最多，爲八千二百四十八人）與（二）推定爲死亡：一百三十三、合計：六萬二千二百五十二人。在軍屬部分，死亡：一萬零六百一十二人（臺灣勤勞團最多，爲八千四百九十五人）、復員：三萬九千八百六十一（臺灣勤勞團最多，爲一萬三千八百四十人；臺灣軍居次，爲一萬零二百三十六人）、狀況不明：（一）推定爲生存：九千二百三十一（臺灣勤勞團最多，爲四千六百一十五人）與（二）推定爲死亡：四千五百四十人（臺灣勤勞團最多，爲三千八百七十四人），合計：六萬四千二百四十四人。台灣人軍人及軍屬，共計十三萬三千五百二十四人。【78】爲日本國參與戰爭，在戰後還給台灣人帶來成爲戰犯的後遺症。如「安田軍屬」的故事所示，以軍屬身分在日軍占領區從事翻譯員工作的台灣人，竟在戰後的新加坡英國軍事審判中，以戰犯被判處死刑，魂斷異鄉。【79】

五、同時取得或轉換爲中國國籍

在欠缺「國民應對所屬國忠誠」的現代觀念底下，某些具有日本國籍而居留中國的台灣人，在中國的作爲彷彿其也是中國國民。例如新竹鄭家於一九〇九年曾透過向清國捐獻而獲得道臺、同知官銜，鹿港人施範於一九〇七年移居廈門，曾與清國臣民共同以清國官紳自居，對日本領事發出邀請函，又曾任福建省的警備司令部顧問、財政廳諮議官。另一位台灣人廖啓埔，也曾擔任廈門閩軍總司令臧致平的顧問、警察廳參議官、福建軍務善後事宜諮議官等。當時日本外交當局顧及外國人在中國從事活動時會遭遇許多不便與障礙，故容忍前揭台灣籍民爲了與中國當局交好而獲取虛名，按這些作爲還不致於危害日本國家利益或主權。不過，霧峰林家下厝林朝棟的三子林季商，於一九一三年在廈門當地報紙聲明脫退日本國籍後，雖向臺灣總督府表示將來有需要時仍願爲日本效勞，希望能讓其家屬保有日本國籍以維護在台產業，但日本政府並不接受這種將國籍與

國家忠誠義務脫勾的講法，故其家屬依法須隨戶主而轉換為中國國籍。【80】

當中國國籍可帶來明確的利益時，台灣人即可能想辦法取得之。曾有在中國東北（時稱「滿洲」）的台灣人，出於圖利而冒籍為中華民國人之例。在日治台灣尊崇醫生的風氣下，台灣人樂於前往滿洲國習醫或行醫，而滿洲醫學教育機構所招收的學生，係以具滿洲民籍或中華民國籍（含汪精衛政權及其他傀儡政權）為主；居住彰化的魏木源即於一九三四年以「中華民國河北省密縣」作為其戶籍，申請進入滿洲醫科大學專門部，但隔年被發現其偽報而遭取消學籍。【81】可見中華民國國籍在某些情形下是有利於台灣人的，否則何必冒籍？在冒籍者之外，似乎還是有依合法管道取得中華民國國籍，並藉以順利在滿洲接受醫學教育者，例如在滿洲一九三八年所設立的新京醫科大學就讀的台灣人葉鳴岡曾表示，其班上有台灣人一人、朝鮮人一人、日本內地人三十八人，加上七十位中國人，但其實除了他之外還有兩位台灣人，只不過其中一位以中國人身分、另一位以日本內地人身分入學。【82】

於一九三二年滿洲國成立後擔任第一任外交部總長的新竹人謝介石，則是很早就將國籍從日本國轉換為中國之例。日本領台後即入國語學校學習日語、擔任通譯的謝介石，於一九〇四年前往東京並就讀於明治法律學校，因而與張勳之子同窗且結為好友，故畢業後前往中國發展。中華民國建立後，謝介石可能爲了在中國政府取得一官半職，於一九一四年八月五日在天津日本總領事館申請放棄日本國籍，再於一九一五年十二月底取得中華民國國籍。謝介石取得中國國籍後，即擔任直隸巡按使署外交辦事員，並爲定武上將張勳的秘書長，一九一七年張勳與康有爲等擁溥儀復辟時，謝介石被任命爲前敵司令官並爲外交部官員，至一九二七年時溥儀任命謝介石爲外務部右丞天津行在御前顧問。已入中國籍的謝介石，也一直與日本方面關係密切，故其後來在日本傀儡政權滿洲國任外交部總長並不令人意外。中華民國國籍實有助於謝介石在中國發展其個人從政生涯，雖其選擇的是「勤王」：效忠溥儀，但戰後也因擁有這個國籍而被判認爲「漢奸」。【83】

其實滿洲國本身就對國籍採取含混的態度，其從未公布施行過國籍法。滿洲國表面上標榜「五族協和」，亦即由「漢、滿、蒙、日、朝」等五族組成爲國家，但至一九四五年覆滅爲止，不曾制定國籍法以明確劃定這個「國家」之國民資格，僅於一九四〇年制定具有戶籍法性格的《暫行民籍法》。推究其原因乃是，實質上控制滿洲國的在滿日本人，並不願明確地被定位爲具有滿洲國國籍，以致依西方的國籍概念其應對滿洲國，而非日本國，負有忠誠義務，故刻意將在滿日人國籍問題模糊化；滿洲國最

謝介石大使の紀念放送

次の一篇は謝介石大使が晴れの歸鄉の當日臺北放送局のマイクを通じて懷しの故鄉の人人に、臺灣語で呼びかけたる第一聲の挨拶であります。私は之を家のラヂオの前で筆記しました。本島人諸君を對象としての臺灣語の挨拶興味掬すべきものがあるので、左に掲載することに致しました。（小野西洲）

*

我就是日本帝國駐劄滿洲帝國特命全權大使謝介石。我是新竹人。就是出世在新竹。到廿五歲的時去東京留學。卒業了後去中國。後來已經經過三十外年。今仔日得着此個好機會。有可與您此的父老兄弟相與講話。這我眞正歡喜。眞正光榮。無可比並。眞是感謝不盡。我此帮返來臺灣。欲要創的事情眞多。第一就是欲要對總督府與故鄉諸

圖4-12：1935年謝介石在回台的廣播詞中，用台灣話自我介紹：「我就是日本帝國駐劄滿洲帝國特命全權大使謝介石。我是新竹人，就是出世在新竹」。

來　源：《語苑》第28卷第10期（1935年10月），國立臺灣圖書館提供。

高法院刑事判決甚至曾表示，除了前述五族外，已無蘇聯國籍的白系俄人亦可爲滿洲國國民。【84】在這樣一個日本人泡製、不被國際社會承認的虛擬國家裡，台灣人在滿洲任官即被算入日系官員，但也有台灣人具有滿洲民籍而被認爲屬滿系之人。【85】按掌握滿洲國實權的日本人，爲了在外觀上讓滿系官員占有一定比例，樂於將台灣人編入滿系。【86】日本帝國主義者這種爲統治利益而迴避國籍概念的作法，使台灣人益發將國籍視爲謀利工具。

與謝介石的政治路線不同，但同樣爲了在中國的外交系統發展而放棄日本國籍的是黃朝琴。黃朝琴係一八九七年十月間出生於台南鹽水港，當時已取得日本國籍。身爲當地富豪之子，其得以前往東京求學，並於一九二〇年進入早稻田大學經濟科就讀，且於一九二二年與中國駐日公使館二等秘書之女結婚，一九二三年早大畢業後與其中國太太向中國駐日公使館申請發給證明，而以中華民國國民身分赴美留學，按黃朝琴自述其於一九一九年取得中國國籍，但並未交代其動機及取得經過。至此爲止，黃朝琴一直擁有日本國籍，因爲一旦喪失日本國籍，登記在其名下的在台不動產須於脫籍一年內處分，否則即被收歸國有。黃朝琴之擁有日、中雙重國籍，一直持續到一九二七年於完成美國學業後回到上海、並至中國外交部僑務局（其後脫離外交部而成立僑務委員會）任職之

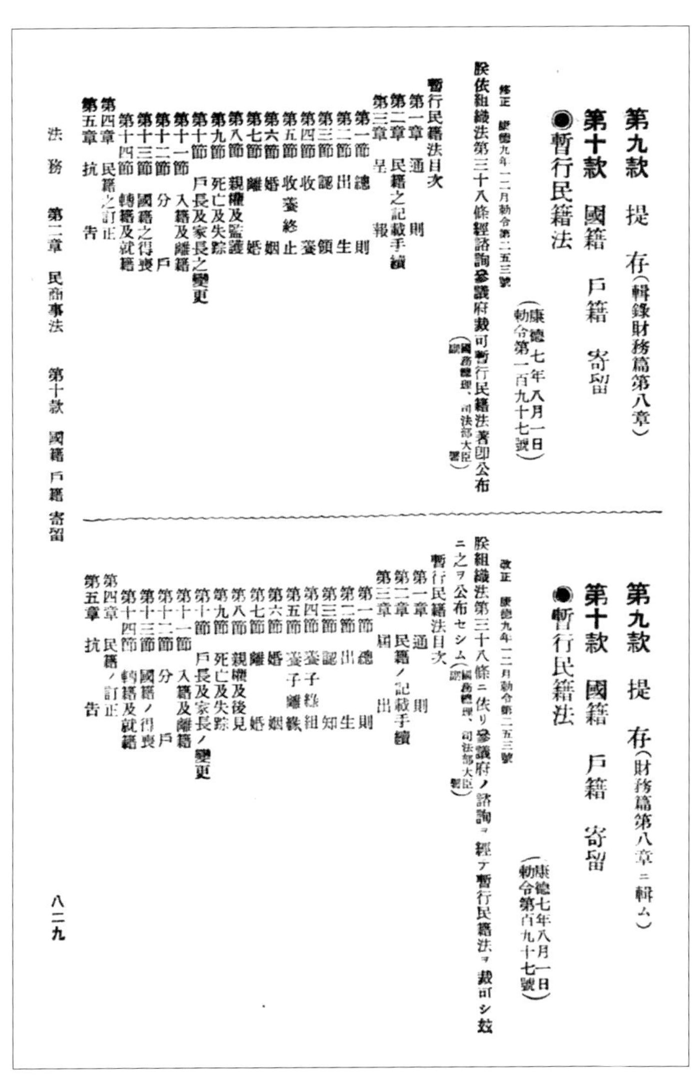

第九款 提 存（輯錄財務篇第八章）

第十款 國籍 戶籍 寄留

◉暫行民籍法（康德七年八月一日 勅令第一百九十七號）

修正 康德九年一二月勅令第二五三號

朕依組織法第三十八條經諮詢參議府裁可暫行民籍法著即公布（國務總理、司法部大臣副署）

暫行民籍法目次

第一章 通 則

第二章 民籍之記載手續

第三章 呈 報

第一節 總 則

第二節 出 生

第三節 認 領

第四節 收 養

第五節 收養終止

第六節 婚 姻

第七節 離 婚

第八節 親權及監護

第九節 死亡及失踪

第十節 戶長及家長之變更

第十一節 入籍及離籍

第十二節 分 戶

第十三節 國籍之得喪

第十四節 轉籍及就籍

第四章 民籍之訂正

第五章 抗 告

第九款 提 存（財務篇第八章ニ輯ム）

第十款 國籍 戶籍 寄留

◉暫行民籍法（康德七年八月一日 勅令第百九十七號）

改正 康德九年一二月勅令第二五三號

朕組織法第三十八條ニ依リ參議府ノ諮詢ヲ經テ暫行民籍法ヲ裁可シ玆ニ之ヲ公布セシム（國務總理、司法部大臣副署）

暫行民籍法目次

第一章 通 則

第二章 民籍ノ記載手續

第三章 屆 出

第一節 總 則

第二節 出 生

第三節 認 知

第四節 養子緣組

第五節 養子離緣

第六節 婚 姻

第七節 離 婚

第八節 親權及後見

第九節 死亡及失踪

第十節 戶長及家長ノ變更

第十一節 入籍及離籍

第十二節 分 戶

第十三節 國籍ノ得喪

第十四節 轉籍及就籍

第四章 民籍ノ訂正

第五章 抗 告

法務 第二章 民商事法 第十款 國籍 戶籍 寄留

八二九

圖4-13：滿洲國只有關於「民籍」而非「國籍」的法律，藉以迴避國籍及隨之而來的忠誠問題。

來　源：日本「国立国会図書館デジタルコレクション」提供。

時。到了一九三〇年方爲了返回外交部辦理對日外交，而被要求脫離日本國籍，且於向台灣戶政當局申請脫離日籍後，即被派爲外交部科員，在法律上其係一九三一年三月間喪失日本國籍。【87】換言之，黃朝琴都已在中國外交部僑務局及改制後的僑務委員會工作兩、三年了，仍擁有日本國籍，以保其在台家產，待其有機會再回中國外交部發展個人仕途時，【88】才將在台家產變更登記爲其弟所有，【89】再放棄日本國籍。可見其對國籍的歸屬，有著家業、婚姻、事業等等考量，至於黃朝琴自述中常提及的中華民族情操所占的分量有多大，只有當事人心裡明白，外人難以臆測。

投靠中國重慶政府的台灣人，在擁有日本國籍的情況下，究竟有多少人曾主動放棄日本國籍？是否像黃朝琴一樣因顧及其在台的不動產而長期處於中日雙重國籍狀態？尚有待進一步查證。惟應指出者，彼等在戰後雖因其所依附的國民黨在台一黨專政而擁有發言權，但事實上於日治時期其人數不多，不足以代表當時在中國之台灣人的普遍性經驗。

註釋

【1】該規則的日文名稱是「清國在留日本國人心得方規則」，見外務省編、荻野富士夫解說，

《外務省警察史》（東京：不二出版，復刻版，一九九六），第四卷，頁二三一—二三二。

【2】中央研究院近代史研究所編，《清季中日韓關係史料　第八卷》（台北：中央研究院近代史研究所，一九七二），頁四八七八—四八八五。又中研院近史所所編之書，就本文所引內容，與外交部寄藏於國立故宮博物院之前清條約協定原本略有出入。本文所引，係以正式約本校核，並加上現行標點符號。「中華民國外交部保存之前清條約協定」網站，網址：http://npmhost.npm.gov.tw/tts/npmkm2/10010.html（最後瀏覽日：二〇一五年三月六日）。

【3】參見外務省編、荻野富士夫解說，《外務省警察史》，第四卷，頁二九。

【4】參見外務省編、荻野富士夫解說，《外務省警察史》，第四卷，頁三四。

【5】參見国立公文書館藏，「御署名原本・明治三十二年・法律第七十号・領事官ノ職務ニ関スル件制定清国並朝鮮国駐在領事裁判規則廃止」（「内閣御署名原本」，檔號：御03700100），一八九九（明治三十二）年三月十八日，收於「JACAR（アジア歴史資料センター）」（參考碼：A03020376500，最後瀏覽日：二〇一三年三月十二日）。

【6】參見国立公文書館藏，「御署名原本・明治二十九年・法律第八十号・清国及朝鮮国在留帝国臣民取締法制定清国及朝鮮国在留日本人取締規則廃止」（「内閣御署名原本」，檔號：御02177100），一八九六（明治二十九）年四月十一日，收於「JACAR（アジア歴史資料センター）〔網路資料〕」（參考碼：A03020222500，最後瀏覽日：二〇一三年三月十二日）。

【7】參見外務省編、荻野富士夫解說，《外務省警察史》，第四卷，頁二一〇。

【8】參見外務省編、荻野富士夫解說，《外務省警察史》（東京：不二出版，復刻版，二〇〇

ー），第五一卷，頁三五。

【9】一九三七年（昭和十二年）十二月，由於日本廢除對於滿洲國的治外法權，將警察權轉移給滿洲國，日本在滿洲國的外務省警察因而結束。

【10】參見赤松祐之編、外務省假譯，《日支紛争に關する國際聯盟調查委員會の報告》（東京：國際聯盟協會，一九三二），頁八六。

【11】參見国立公文書館藏，「御署名原本・大正十四年・法律第三号・明治三十二年法律第七十号（領事官ノ職務ニ関スル件）中改正（勅令第二百八十六号参看）」（「内閣御署名原本」，檔號：御15209100），一九二五（大正十四）年三月二七日，收於「JACAR（アジア歴史資料センター）」（參考碼：A03021540800，最後瀏覽日：二〇一三年三月十二日）。

【12】參見一九二一年「南部支那に於ける領事館の裁判に関する法律」（大正十年三月二十九日法律第二五號）；外務省外交資料館藏，「機密第三二號　南支及北支ニ於ケル領事裁判ノ上訴管轄裁判所変更ニ関スル件」，一九一九（大正八）年七月十八日，收於「南支ニ於ケル領事裁判權ニ関スル法律制定並解釈関係雑件」，《外務省記録》（檔號：D.1.2.0.3）。

【13】惟關於滿洲國的領事裁判，依據一九〇八（明治四十一）年法律第五二號「滿州ニ於ケル領事裁判ニ関スル法律」第四條，其最終審法院爲關東都督府高等法院，見外務省条約局編，《関東州租借地と南滿洲鉄道付属地　前編（「外地法制誌」第六部）》（東京：文生書院，復刻版，一九九〇），頁三六九。

【14】參見王泰升，《台灣法律史概論》（台北：元照，四版，二〇一二），頁一九九。

【15】例如，在臺北地方法院大正十五年第三九四號刑事判決，被告葉〇〇在中國廈門涉嫌與當地

中國人共同爲強盜行爲，故被日本在中國的領事館移送至臺北地方法院爲第一審公判，並於一九二六年二月二十五日被宣告懲役十年，本案經上訴後，同年三月三十一日由臺灣總督府高等法院覆審刑事部宣告被告葉○○應處懲役七年，即告確定。見「臺北地院大正十五年第三九四號刑事判決」，一九二六（大正十五）年二月二十五日，收於國立臺灣大學圖書館、國立臺灣大學法律學院建置，「日治法院檔案資料庫」，臺北地院，《刑事判決原本大正十五年第三冊三月》，頁三一五—三二七。（最後瀏覽日：二○一三年三月十二日）

【16】參見〈領事カ裁判ヲ行フニ當タリ適用スヘキ法規如何〉，引自外務省外交資料館藏，「領事裁判制度協議會ニ關スル件」（第五回），一九二二（大正十一）年十一月，收於「帝國領事裁判及裁判事故關係雜件　裁判權之部ノ三」，《外務省記録》（檔號：4.1.2.4-1）。

【17】參見谷野格，〈南支に於ける領事裁判と臺灣總督府法院〉，《臺法月報》第十四卷第一號（一九二○年一月），頁四。

【18】參見外務省外交資料館藏，「（五）南支臺灣籍民ニ對シ臺灣法令適用ノ件（厦門）」，一九三五（昭和十）年，收於「司法會議関係雜件　在支司法領事會議関係（第三回會議）第二卷」，《外務省記録》（檔號：D.1.0.0.1-1），頁一七—一九；〈在支の司法領事會議〉，《臺灣日日新報》，一九三五（昭和十）年七月三日，夕刊一版。

【19】參見外務省外交資料館藏，「公機密第三三七號　司法關係資料ニ關スル回報ノ件」，一九三九（昭和十四）年七月六日，收於「在支帝國領事裁判関係雜件（在滿洲國ヲ含ム第二卷）」，《外務省記録》（檔號：D.1.2.0.2）。

【20】參見外務省外交資料館藏，「秘第六五五號　司法實務協議會ニ於ケル諮問事項ニ對スル答

申書進達ノ件」，一九四一（昭和十六）年八月二十九日，收於「司法會議關係雜件　在支司法領事會議關係　第四卷」，《外務省記録》（檔號：D.1.0.0.1-1）。

【21】日治時期的台灣人仍具有濃厚的漢族（認同）意識，視移民來台之前的原鄉福建、廣東爲父祖墳墓之地，而滋生視中國爲「祖國」的感情，日治時期警察當局亦認知到此項事實。參見王詩琅譯，《臺灣社會運動史——文化運動》（臺北：稻鄉，一九八八），頁二。日治時期包括林獻堂在內的臺灣人，並非以現代的國籍觀念爲準，而是基於父祖墳墓所在、同屬漢文化之國，而稱中國爲「祖國」；這也是如前所述，漢族以文化作爲身分區隔的觀念，在進入現代法施行時期後所續存的遺緒。

【22】日治五十年間，日本中央政府內專責監督臺灣總督府的機關不一，其各階段的監督機關，請參見王泰升，〈日治時期台灣特別法域之形成與內涵〉，收於王泰升，《台灣法律史的建立》（臺北：王泰升，二版，二〇〇六），頁一三〇。

【23】參見翁佳音，《台灣漢人武裝抗日史研究（一八九五—一九〇二）》（台北：國立臺灣大學文學院，一九八六），頁九三—九四、九九。

【24】從一九〇〇年一月至三月的發展經過，參見外務省外交資料館藏，「秘乙第三〇号」，一九〇〇（明治三十三）年一月二十九日、「秘警発第七六号」，一九〇〇（明治三十三）年二月十四日、「機密第十三號」，一九〇〇（明治三十三）年三月七日、以及「機密第十五號」，一九〇〇（明治三十三）年三月十四日，皆收於「在厦門殺人犯台湾人賴阿漢引渡方二関シ内務大臣ヨリ照會一件」，《外務省記録》（檔號：4.1.8.12）。

【25】簡大獅於一九〇〇（明治三十三）年三月二十二日被判死刑，見「臺北地院明治三十三年第

三五〇號刑事判決」，一九〇〇（明治三十三）年三月二十二日，收於國立臺灣大學圖書館、國立臺灣大學法律學院建置，「日治法院檔案資料庫」，臺北地院，《刑事判決原本明治三十三年第二冊三月》，第二七五—二七八頁。（最後瀏覽日：二〇一三年三月十二日）；並於一九〇〇（明治三十三）年三月二十九日執行死刑，見國史館臺灣文獻館藏，「簡大獅死刑執行」，一九〇〇（明治三十三）年三月二十六日，收於《臺灣總督府公文類纂》（檔號：五一一一—五〇）。

【26】參見翁佳音，《台灣漢人武裝抗日史研究（一八九五—一九〇二）》，頁一四〇、一四二。

【27】參見許雪姬總策畫，《臺灣歷史辭典》（台北：行政院文化建設委員會，二〇〇四），頁一三一一，條目：「簡大獅」（葉碧苓撰）。

【28】參見外務省外交資料館藏，「公信第二二八號　台湾人陳聚發支那地方官憲ニ違約拘留引取方ニ関スル件」，一九一二（明治四十五）年七月二十五日，收於「清國官憲カ台湾籍民拘禁ノ件　附台湾籍民ノ狀態ニ関シ在福州帝國領事ノ報告」，《外務省記録》（檔號：4.1.5.9）。

【29】參見外務省外交資料館藏，「厦門ニ於ケル臺灣籍民問題」，一九二六（大正十五）年十月二十八日，收於「在支台灣籍民問題雜件」，《外務省記録》（檔號：3.8.2.330）。

【30】參見楊鴻烈，《中國法律發達史》（上海：商務印書館，一九三〇），頁一〇二九—一〇三二。

【31】參見國史館藏，「駐蕪日領要求引渡王士諤等」，一九二九年七月一日起一九三〇年八月三十一日止，《外交部檔案》，入藏登錄號：020000001158A。

【32】參見「臺北地院昭和九年第三〇二二號刑事判決」，一九三四（昭和九）年十一月十二日，收於國立臺灣大學圖書館、國立臺灣大學法律學院建置，「日治法院檔案資料庫」，臺北地院，《刑事判決原本昭和九年第十一冊十一月》，頁二二一二四。（最後瀏覽日：二〇一三年三月十二日）

【33】〈厦門のギャング事件　臺灣籍民被告七名の公判　きのふ臺北地方法院で開かる〉，《臺灣日日新報》，一九三四（昭和九）年十月六日，七版；〈厦門強盜事件　臺灣籍民被告七名　在臺北地方法院公判〉，《臺灣日日新報》，一九三四（昭和九）年十月七日，夕刊四版；「臺北地院昭和九年第三三七〇號刑事判決」，一九三四（昭和九）年十一月十二日，收於國立臺灣大學圖書館、國立臺灣大學法律學院建置，「日治法院檔案資料庫」，臺北地院，《刑事判決原本昭和九年第十一冊十一月》，頁二五—三〇。（最後瀏覽日：二〇一三年三月十二日）

【34】〈厦門臺灣籍民　強盜傷人　兩案判決〉，《臺灣日日新報》，一九三四（昭和九）年十一月十三日，八版。

【35】〈臺灣籍民許秉文氏　被中國差押及監禁　經我抗議始認其非〉，《臺灣日日新報》，一九三六（昭和十一）年八月二十九日，十二版。

【36】參見臺灣總督府民政部警察本署，《臺灣ト南支那トノ關係及現在ノ施設並竝將來ノ方針》（台北：臺灣總督府民政部警察本署，一九一七），頁一〇。

【37】參見外務省外交資料館藏，「公第一〇二號　不良籍民檢挙ニ関シ報告ノ件」，一九一六（大正五）年八月二日，收於「南部支那在留台　籍民名簿調製一件」，《外務省記録》

（檔號：3.8.7.18）。

【38】參見臺灣總督府民政部警察本署，《臺灣ト南支那トノ關係及現在ノ施設並竝將來ノ方針》，頁九—一一。

【39】參見外務省外交資料館藏，「機密第三一號　當地在留臺湾籍民ノ取締方ニ関シ稟請ノ件」，一九一六（大正五）年七月二日，收於「南部支那在留台湾籍民名簿調製一件」，《外務省記録》（檔號：3.8.7.18）。

【40】若涉嫌者非台灣籍民，但有親屬爲台灣籍民，該等日本人律師也會設法爲涉嫌人申請取得日本國籍。參見王學新，〈日本對華南進政策與台灣籍民之研究（1895-1945）—兼論台灣黑幫籍民的形成與演變—〉（廈門：廈門大學歷史學研究所博士論文，二〇〇七），頁六五—六六、七〇—七二。

【41】參見外務省外交資料館藏，「機密第一二號　國籍取得ニ干スル犯罪検挙ニ付請訓並ニ臺湾總督府トノ間御協議方稟請ノ件」，一九一五（大正四年）六月三十日，收於「南部支那在留台湾籍民名簿調製一件」，《外務省記録》（檔號：3.8.7.18）。

【42】惟據日本駐廈門領事的觀察，品行不良的台灣人來到廈門的方式，除了藉船運偷渡外，約有六、七成乃合法地繞道日本內地經由上海而來，這些人都未持有台灣當局所發給的旅券。參見王學新，〈日木對華南進政策與台灣籍民之研究（1895-1945）——兼論台灣黑幫籍民的形成與演變〉，頁七〇—七一。

【43】參見鍾淑敏，〈日治時期台灣人在廈門的活動及其相關問題（1895-1938）〉，收於走向近代編輯小組編，《走向近代：國史發展與區域動向》（台北：臺灣東華，二〇〇四），頁四〇

八。

【44】參見黃呈聰，〈支那渡航旅券制度の廢止を望む〉，《臺灣》第三年第九號（一九二二年十二月），頁一九—二九；吳密察、吳瑞雲編譯，《臺灣民報社論》（台北：稻鄉，一九九二），頁一五一—一五三；向山寬夫著、楊鴻儒、陳蒼杰、沈永嘉譯，《日本統治下的台灣民族運動史》（台北：福祿壽，一九九九），下冊，頁一〇一四。

【45】參見吳密察、吳瑞雲編譯，《臺灣民報社論》，頁一五一—一五三。

【46】參見王詩琅譯，《臺灣社會運動史——文化運動》，頁一三二。

【47】關於臺韓同志會的組成，以其於一九二四年七月二十九日在上海的法國租界內舉行臺鮮人大會爲例，計有朝鮮人一百二十名、台灣人三十餘名、中國人二十名、蘇聯人數名參加。參見王詩琅譯，《臺灣社會運動史——文化運動》，頁一四八—一四九。

【48】參見王詩琅譯，《臺灣社會運動史——文化運動》，頁一七三—一七五、一七九—一八〇。

【49】在該會成立宣言上曾謂：「使兩地民眾從日本帝國主義的羈絆完全脫離，然後使中臺民眾發生一種密切的政治關係」。於內部會議時則提及：「中國倘若成爲強國，我臺灣自然也能夠獨立」。可見參與的台灣學生是以台灣殖民地、中國係兩個政治共同體爲前提，以同爲漢族、同受日本壓迫爲兩者合作的基礎。參見王詩琅譯，《臺灣社會運動史——文化運動》，頁一八六—一八七、一九〇、一九三、一九五—一九六。

【50】彼等所高呼的口號，在「臺灣人主張民族自決」的後面，乃是「請願國民政府『收回臺灣』」，接著又是「臺灣民族自由解放萬歲」。中國國民黨要人戴季陶一九二七年向這些台灣學生演講時，雖也說「臺灣民族是屬於我們中國的民族」，但又表示「我們主張臺灣民族

是要獨立」。此與中國國民黨在觀念上，將現代的國族主義與種族文化的同一兩者混爲一談有關。參見王詩琅譯，《臺灣社會運動史——文化運動》，頁二一一、二一四、二一九、二二六—二二七、二三〇、二三三、二四二。

【51】參見王詩琅譯，《臺灣社會運動史——文化運動》，頁一九四。

【52】參見王詩琅譯，《臺灣社會運動史——文化運動》，頁二四三—二四八。

【53】參見向山寬夫著、楊鴻儒、陳蒼杰、沈永嘉譯，《日本統治下的台灣民族運動史》，下冊，頁一〇一一、一〇一九、一〇二二。

【54】參見向山寬夫著、楊鴻儒、陳蒼杰、沈永嘉譯，《日本統治下的台灣民族運動史》，下冊，頁一二〇七—一二〇九。

【55】參見外務省外交資料館藏，「本公第百號信」，一八九七（明治三十）年十月八日、「本公第百拾五號信」，一八九七（明治三十）年十一月二十四日、「本公第百拾九號信」，一八九七（明治三十）年十二月四日、「本公第百貳拾五號信」，一八九七（明治三十）年十二月十八日、「本公第五十三號信」，一八九八（明治三十一）年七月一日、「本公第六十四號信」，一八九八（明治三十一）年七月十六日、「本公第百四拾二號信」，一八九八（明治三十一）年十二月三十一日，收於「支那官民ノ本邦人ニ対スル不法行爲関係雜件　第一卷」，《外務省記録》（檔號：4.2.5.172-1）。

【56】此份於一九〇六（明治三十九）年二月二十三日所提出的請字第五三二號〈請願書〉，收於外務省外交史料館藏，「高橋角次郎外二名ニ於テ厦門專管居留地経営及日清立会裁判所設立建議一件」（「外務省記録」，檔號：B-3-12-2-32_7_004），一九〇五（明治三十八）年

十一月二十日〜一九〇六（明治三十九）年二月二十三日，收於「JACAR（アジア歷史資料センター）」（參考碼：B12082544700，最後瀏覽日：二〇一三年三月十二日），頁二〇一四五。

【57】一九一〇年由廈門代理領事向外務大臣，就台灣籍民所做成的詳細報告中，曾以舉例說明的方式指出，一九〇四年蘇南於中國泉州惠安縣被清國官府拘留後，其子「臺灣籍民蘇猫」請求領事館向該清國地方官交涉，但蘇南並無何等作爲帝國臣民的證據。於是蘇猫再提出由新竹廳所發的證明書，表示因戶籍編入遺漏之故，蘇南已於同年九月十九日被編入新竹廳。但領事館認爲蘇南被捕入獄時，並沒有證據顯示其曾表示自己是日本人，後來是由其親屬請求入籍以作爲營救蘇南的方法。參見外務省外交資料館藏，「機密第五號　臺灣籍民ノ狀態報告ノ件」，一九一〇（明治四十三）年三月十四日，收於「南部支那在留台湾籍民名簿調製一件」，《外務省記録》（檔號：3.8.7.18）。

【58】參見〈機密第四號　台湾人ニ関スル件〉（一九〇九（明治四十二）年三月二十五日）、〈機密第三二號　臺灣人内地行執照ニ関スル件〉（一九〇九（明治四十二）年八月六日）、〈機密第三三號　台湾人内地行執照ニ関スル件〉（一九〇九（明治四十二）年八月二十六日），收於外務省外交史料館藏，「台湾在籍民カ清国内地ニ於テ有スル不動産所有權保護一件」（「外務省記録」，檔號：B-3-12-1-153），一九〇七（明治四十）年七月二十六日〜一九〇九（明治四十二）年八月十七日，收於「JACAR（アジア歷史資料センター）」（參考碼：B12083424200，最後瀏覽日：二〇一三年三月十二日）。

【59】參見外務省外交資料館藏，「公第二二〇號　裁判事務ニ関スル請訓ノ件」，一九二四（大

正十三）年九月十五日，收於「帝國領事裁判權及裁判事故關係雜件　裁判權ノ部ノ四」，《外務省記録》（檔號：4.1.2.4-1）。

【60】廈門領事的理由爲：一、依據《馬關條約》第五條而成爲日本臣民，不同於一般的歸化，而是領土割讓的結果，因此在清國領域內所擁有財產權，不得依清國法而遭剝奪或受限制；二、此件的土地係其仍係清國人時已有效擁有權利，並非以外國人的身分取得，故不得適用清國方面外國人不得取得土地所有權的相關解釋；三、《馬關條約》上並無明文規定清國人轉變爲日本臣民時，應如何處理其在清國內的財產。參見外務省外交史料館藏，「機密第一二號　歸化臺灣人ノ支那ニ於テ有スル土地及領事館ニ於テ爲ス認證ノ效果ニ關スル件」，一九二四（大正十三）年十一月五日，收於「帝國領事裁判權及裁判事故關係雜件　裁判權ノ部ノ四」，《外務省記録》（檔號：4.1.2.4-1）。

【61】參見外務省外交史料館藏，「廈門ニ於テ支那人吳セイ派ト台湾人ト衝突ノ件」，一九二三（大正十二）年九月二十日，收於「殺傷關係雜件」，支那ノ部，第五卷，《外務省記録》（檔號：4.2.5.10-3-5）。

【62】前往中國尋求援助以對抗日本殖民統治者的台灣人，發現中國人大多把台灣人看做是日本人。參見張秀哲，《「勿忘台灣」落花夢》（台北：東方出版社，一九四七），頁八—九。

【63】終身以親日知識份子自任的一位台灣人，在其遺稿中寫道：「最令人難受的是，正式享有日本國籍的本島人，被多數內地人用對中國人蔑稱—清國奴（Chiangkoro）來稱呼。」參見黃昭堂著、黃英哲譯，《台灣總督府》（台北：自由時代，一九八九），頁二三九。

【64】參見張深切，《張深切全集〔卷四〕在廣東發動的台灣革命運動史略．獄中記》（台北：文

經社，一九九八），頁一八七—一八八。

【65】參見張秀哲，《「勿忘台灣」落花夢》，頁五二—五四。

【66】參見許雪姬，〈是勤王還是叛國——「滿洲國」外交部總長謝介石的一生及其認同〉，《中央研究院近代史研究所集刊》第五七期（二〇〇七年九月），頁一〇〇—一〇一。

【67】前往中國唸書而畢業於廣州中山大學、也娶中國太太的彰化二水人謝東閔表示，在中日戰爭爆發後，自己及周遭許多台灣人都被懷疑是日本間諜。參見謝東閔口述，《歸返：我家和我的故事》（台北：聯經，一九八八），頁一〇七—一〇九、一一四。

【68】台灣人前往重慶者，據林德政提出的人名大概二十位左右，但相對的，前往滿洲國大約有百來位公職人員和至少二百位的醫生，顯然前者所占比例相當小。參見許雪姬，〈是勤王還是叛國——「滿洲國」外交部總長謝介石的一生及其認同〉，頁一〇二、一〇九。

【69】蔡孝乾係彰化花壇人，一九二八年前往中國江西瑞金共產黨區，並隨共軍做二萬五千里長征至延安。參見許雪姬總策畫，《臺灣歷史辭典》，頁一二三一，條目：「蔡孝乾」（許雪姬撰）。

【70】參見林玫君，〈首位參加奧運的臺灣選手——張星賢〉，《台灣學通訊》第五五期（二〇一一年七月），頁五。

【71】參見許雪姬訪問、曾金蘭紀錄，《藍敏先生訪問紀錄》（台北：中央研究院近代史研究所，一九九五），頁八六—八七。

【72】參見〈藍國城氏の歡迎會〉，《臺灣日日新報》，一九四〇（昭和十五）年六月三十日，夕刊二版；〈藍國城氏厦門へ〉，《臺灣日日新報》，一九四〇（昭和十五）年七月十三日，

七版。

【73】參見臺灣總督府外事部，《支那事變大東亞戰爭ニ伴フ對南方施策狀況（改訂版）》，頁六九—七二、九一—九二。

【74】日治晚期，台灣與海南島之間往來密切，除了船運，甚至每週二有定期航班。以一九四二年一月爲例，台灣人居住於有長期關係的廈門者有七千二百二十六人，且男與女的人數約略相等，故可能是整個家庭已移住，而居住於海南島亦已達五千八百一十三人，且當中竟絕大多數，亦即有五千四百八十八位是男性，似乎是男性先前往拓殖或單身赴任。參見臺灣總督府外事部，《支那事變大東亞戰爭ニ伴フ對南方施策狀況（改訂版）》，頁七〇、二一二、二一五—二一六、二一九、二二六。於一九四三年前往海南島擔任海軍通弁的台灣人胡先德，在戰後指出日本出兵南太平洋，爲補足兵源，以巡查補名義召募，「送至海南島補充兵力，參加作戰。巡查補與日軍士兵同桌吃飯、同床睡覺、同出同入，並肩作戰，並非警察，實爲一種變相的軍人。」參見胡先德，〈台灣人派遣海南島始末〉，收於周婉窈主編，《台籍日本兵座談會記錄并相關資料》（台北：中央研究院台灣史研究所籌備處，一九九七），頁一七六。

【75】參見臺灣總督府外事部，《支那事變大東亞戰爭ニ伴フ對南方施策狀況（改訂版）》，頁三二〇、三二三—三二四。

【76】參見臺灣總督府外事部，《支那事變大東亞戰爭ニ伴フ對南方施策狀況（改訂版）》，頁三二四、三二七—三三一。

【77】參見臺灣總督府，《臺灣統治概要》（台北：臺灣總督府，一九四五），頁七一—七三。

【78】防衛省防衛研究所藏，「台湾人方面別（部隊別）人員統計表　昭和二十八年一月　留守業務部」（「陸軍一般史料」，檔號：沖台-台湾-61））,一九五三（昭和二十八）年八月，收於「JACAR（アジア歴史資料センター）」（參考碼：C11110411300，最後瀏覽日：二〇一三年三月十二日）。

【79】木村宏一郎著、陳鵬仁譯，《被遺忘的戰爭責任：台灣人軍屬在印度洋離島的歷史紀錄》（台北：致良，二〇一〇），頁一四一一八。

【80】上述人物及其事蹟，參見鍾淑敏，〈日治時期台灣人在廈門的活動及其相關問題（1895-1938）〉，頁四〇四一四〇七。如前所述，倘若户主未取得日本國籍，則家屬無從單獨取得日本國籍。

【81】參見許雪姬，〈日治時期臺灣人的海外活動——在「滿洲」的臺灣醫生〉，《臺灣史研究》第十一卷第二期（二〇〇四年十二月），頁五一七、九。

【82】參見許雪姬訪問、許雪姬等紀錄，《日治時期在「滿洲」的台灣人》（台北：中央研究院近代史研究所，二〇〇二），頁四九一五二。

【83】參見許雪姬，〈是勤王還是叛國——「滿洲國」外交部總長謝介石的一生及其認同〉，頁六一一六五、一〇八一一一〇。

【84】參見吳欣哲，〈日本殖民主義下的滿洲國法制　1932-1945〉（台北：國立政治大學法律學系碩士論文，二〇〇四），頁四一一四三。

【85】台灣人具有滿洲民籍者如王世恭（王洛）醫師。參見許雪姬，〈在「滿洲國」的臺灣人高等官：以大同學院的畢業生爲例〉，《臺灣史研究》第十九卷第三期（二〇一二年九月），頁

一〇一。

【86】參見許雪姬訪問、許雪姬等紀錄，《日治時期在「滿洲」的台灣人》，頁五一〇。

【87】雖黃朝琴在自述中稱，在其聲請脫離日本國籍之前，日本警察曾多次勸誘其母勸黃朝琴回台服務，但並未言及日本當局刻意刁難，從其提出聲請到獲准亦僅幾個月的時間而已。參見黃朝琴，《我的回憶》（台北：龍文，一九八九），頁六—七、一三、二二—二三、二五—二七。

【88】黃朝琴自稱於一九三〇年九月任外交部科員，十個月後升調本部秘書，奉派為亞洲司第一科科長，而許多同仁久任一職，數年後未獲晉升。參見黃朝琴，《我的回憶》，頁二九。

【89】參見李新民，《愛國愛鄉——黃朝琴傳》（台北：近代中國，一九八四），頁七。

【第五章】

在台灣接觸華僑而感受國籍

一、稱為「華僑」的在台清國人與中華民國人

從一八九五年五月八日《馬關條約》生效之後，住在台海對岸的漢人來到已成為日本領土的台灣時，其身分即是與台灣人不同國籍的清國人。為掌控台灣的統治秩序乃至社會治安，臺灣總督府對於已成為外國人的漢人，能否進入作為日本領土的台灣，當然會加以管制。因此於一八九五年十一月發布而自一八九六年一月一日起施行的《清國人臺灣上陸條例》，規定清國人僅能在原本即向外國人開放的基隆、淡水、安平、打狗等四個港口入境（即「上陸」），清國人為經商或其他目的欲入境台灣，須向清國地方官府取得渡航證明書並攜帶來台，且禁止清國勞工及無固定職業者入境。惟一九〇四年日

第八條　茶工券雛形ハ左ノ如シ

第一號書式

茶工券下付願（用紙美濃野紙）

原籍住所

氏　名

年　齡

右私儀何縣何堡（何街）何庄何番戸何某製茶職工ニ被雇候ニ付茶工券下付被下度上陸許可證寫竝寫眞二葉相添雇主ノ連署ヲ以テ此段相願候也

明治　年　月　日

右

本人　何　某㊞

何縣何堡（何街）何番戸

雇主　何　某㊞

地方長官宛

前書ノ通相違無之候也

明治　年　月　日

何縣何堡

何茶業（茶商）公會長　氏　名㊞

圖5-1：茶工券申請書格式。

來 源：《臺灣總督府警察沿革誌（二）領臺以後の治安狀況》。

本已改由駐福建各處領事發給前述渡航證明，紳商、婦女憑此證明即可來台。然而，禁止來自中國大陸的茶工將影響在台英國茶商的利益，故經在台英國領事交涉後，臺灣總督府於一八九七年發展出「茶工券」制度，由（在台）雇主將申請獲准的茶工券交給在清國的茶工，茶工再持以向日本駐清國的領事申請類似簽證的渡台許可。並於一八九八年以府令第九八號頒行《清國茶工券規則》，但仍禁止其他清國勞工進入台灣。[1]

就在此時，日本帝國重新調整關於外國人的法律上地位。一八九九年日本與英國等所新修訂的條約正式施行，其後固然廢除了西方強權在日本享有領事裁判權等不平等條款，但同時也允許英國等締約國國民在日本有居住、旅行、營業的自由。爲因應此新情勢，日本必須在「國民」與「外國人」之間做出法律上的區別，故同年施行了日本第一部現代的《國籍法》。一八九九年時居住於日本的外國人中，約有半數爲清國人。按清國人並非上述新修訂條約所規定之在日本有居住自由等的締約國之國民，也因此日本政府針對清國勞動者，制訂了特別的管理規則，僅允許清國勞動者在日本從事所謂的「雜役」，以致其不得不往裁縫、料理、理髮等「三刀業」或家庭幫傭業找工作。【2】

前揭新修訂的條約亦施行於殖民地台灣，此後西方人在台灣不得再享有領事裁判權（有別於同時期的中國），日本亦以一八九九年六月二十一日勅令第二八九號將其《國籍法》施行於台灣。【3】臺灣總督府沿襲日本內地對外國人的管理辦法，故一八九九年七月十六日公布的府令第七一號《外國人管理規則》，同樣將清國人排除於此處所稱「外國人」之外，而另於同年月十八日公布府令第七四號《清國勞動者取締規則》，以規範清國人。由臺灣總督府所制訂的法規內容，當然會配合台灣殖民地的需求。按日本一八九九年《臺灣事業公債法》的制定，使得台灣的鐵路、港口、官廳官舍、土地調查

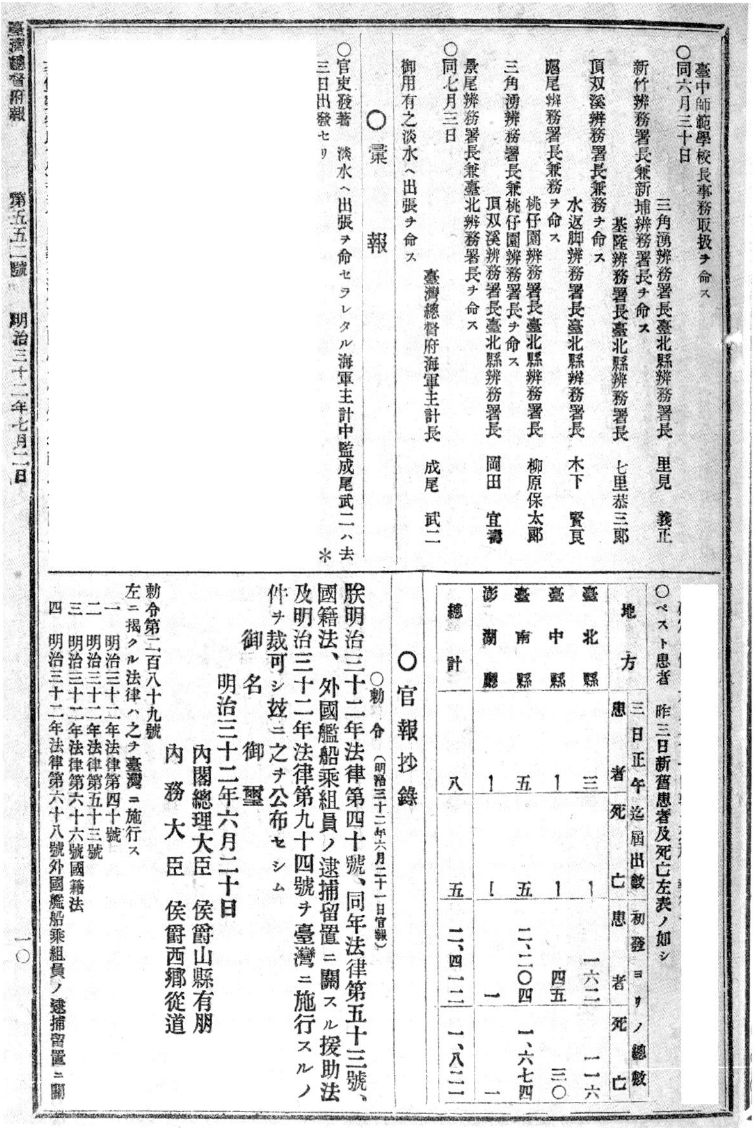
臺灣總督府報　第五五二號　明治三十二年七月二日

○臺中師範學校長事務取扱ヲ命ス
○同六月三十日
三角湧辨務署長臺北縣辨務署長　里見義正
新竹辨務署長兼新埔辨務署長ヲ命ス
基隆辨務署長臺北縣辨務署長　七里恭三郎
頂双溪辨務署長兼務ヲ命ス
水返脚辨務署長臺北縣辨務署長　木下賢良
滬尾辨務署長兼務ヲ命ス
桃仔園辨務署長臺北縣辨務署長　柳原保太郎
三角湧辨務署長兼桃仔園辨務署長ヲ命ス
頂双溪辨務署長臺北縣辨務署長　岡田宜壽
景尾辨務署長兼臺北辨務署長ヲ命ス
○同七月三日
臺灣總督府海軍主計長　成尾武二
御用有之淡水ヘ出張ヲ命ス

○彙報

○官吏發著　淡水ヘ出張ヲ命セラレタル海軍主計中監成尾武二ハ去三日出發セリ

*

○ペスト患者　昨三日新舊患者及死亡左表ノ如シ

地方	三日正午迄屆出數 患者	死亡	初發ヨリノ總數 患者	死亡
臺北縣	三	—	一六二	一一六
臺中縣	—	—	四五	三〇
臺南縣	五	五	二、二〇四	一、六七四
澎湖廳	—	—	一	一
總計	八	五	二、四一二	一、八二一

○官報抄錄

○勅令（明治三十二年六月二十一日官報）

朕明治三十二年法律第四十號、同年法律第五十三號、國籍法、外國艦船乘組員ノ逮捕留置ニ關スル援助法及明治三十二年法律第九十四號ヲ臺灣ニ施行スルノ件ヲ裁可シ玆ニ之ヲ公布セシム

御名　御璽

明治三十二年六月二十日

內閣總理大臣　侯爵山縣有朋

內務大臣　侯爵西鄉從道

勅令第二百八十九號

左ニ揭クル法律ハ之ヲ臺灣ニ施行ス

一　明治三十二年法律第四十號
二　明治三十二年法律第五十三號
三　明治三十二年法律第六十六號國籍法
四　明治三十二年法律第六十八號外國艦船乘組員ノ逮捕留置ニ關

一〇

圖5-2：1899年以勅令第289號在台施行日本的《國籍法》。

來 源：《府報》第552號（1899年7月2日），國史館臺灣文獻館提供。

事業等各項建設，易於獲得資金以進行之，若能從對岸補充勞動力將能避免工資成本遽增，且如前所述，台灣茶業仍須中國茶工，因此涉及西方強權之商業利益的台灣茶業也有必要雇用清國茶工，故該《清國勞動者取締規則》創設了由官府特許的勞工承包業者引進清國勞工的制度，開放茶工以外的勞動人力來台。【4】事實上這項跨越國界的人的流動，自一九〇〇年代初起即持續不斷。【5】臺灣總督府累積管理經驗後，再於一九〇四年九月二十四日新修正公布府令第六八號《清國勞動者取締規則》，規定來台從事農業、漁業、礦業、工程、建築、製作、搬運、挽車、挑肩及其他雜役的中國勞工，須持有經總督府指定之承包仲介中國勞工來台之業務者（主要爲「南國公司」）所發給的渡航證明書始准上岸，並於上岸辦妥手續後發給「上陸許可證」，其在台灣可自由旅行但須隨身攜帶該許可證備查，不過各廳長認爲其有妨礙安寧秩序或紊亂風俗時，可令其離開台灣。【6】

日治初期台海兩岸的人的流動，雖有如上所述現代型國家通常會採取的管制措施，【7】但實際上似乎仍相當通暢。以後來曾任中華民國國民政府主席的林森爲例，其清治末期曾任職於臺北電報局，但於一八九五年台灣割讓於日本之後即返回福州，至一八九八年時因清朝地方官欲追捕之而避走台灣，據說係「寄居於台北大稻埕張少湘開設的留芳照

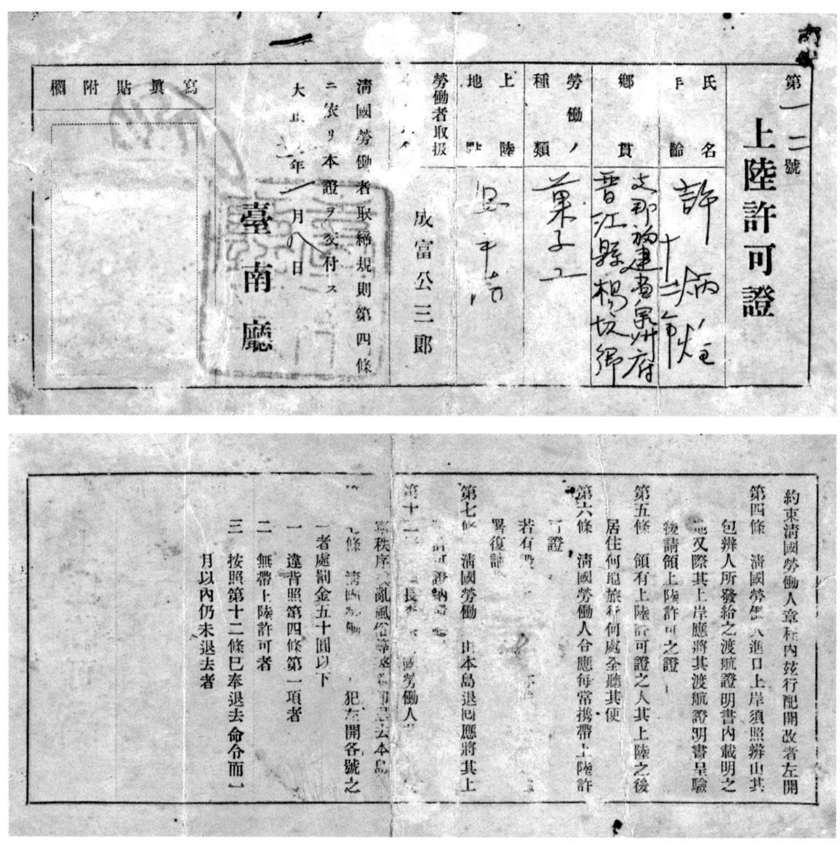

第一二號

上陸許可證

氏名 年齡	許[illegible]
鄉貫	支那福建省泉州府晉江縣楊坂鄉
勞働ノ種類	菓子工
上陸地	[illegible]
勞働者取扱	成富公三郎

清國勞働者取締規則第四條ニ依リ本證ヲ交付ス

大正　年　月　日

臺南廳

寫眞貼附欄

約束清國勞働人章程內茲行[illegible]開改者左開

第四條　清國勞働人進口上岸須照辦由其包辦人所發給之渡航證明書內載明之地又際其上岸應將其渡航證明書呈驗後請領上陸許可之證

第五條　領有上陸許可證之人其上陸之後居住何地旅行何處全聽其便

第六條　清國勞働人合應每常携帶上陸許可證若有[illegible]署復[illegible]

第七條　清國勞働[illegible]由本島退回應將其上陸許可證納[illegible]

第十二條[illegible]長[illegible]勞働人[illegible]秩序紊亂風俗[illegible]命令退去本島

[illegible]條　清國勞働[illegible]犯左開各號之一者處罰金五十圓以下

一　違背照第四條第一項者

二　無帶上陸許可者

三　按照第十二條已奉退去命令而一月以內仍未退去者

圖5-3：清國勞工的「上陸許可證」（上：正面；下：背面）。

來 源：中央研究院臺灣史研究所檔案館提供。

相館」。【8】從「寄居」一事，可能林森並非如前述之以「原本居住於台灣」的台灣籍民資格，而是以清國人的身分，入境台灣。且據說林森於一八九九年進入臺南地方法院嘉義支部擔任通譯（將台灣在地語言轉譯為中國官話，以待另一位通譯再將之轉譯為日語），若此屬實，則日本官方似不排斥清國人在司法機關工作，不過林森於一九〇〇年即自嘉義布袋嘴乘船離台。【9】倘若林森的確未由法定的四個通商口岸返回中國，則可窺知當時日本統治當局對台灣海岸線的管制並不嚴格。

「清國人」的概念，不只存在於國家的法令上，也逐漸為台灣人社會所知悉。根據一九〇五年在台北的漢文報紙上一則新聞，當年十月台灣第一次實施人口普查（正式名稱為「第一次臨時臺灣戶口調查」）時，在艋舺有一位吳姓清國人對調查員自稱是「本地人」，其鄰居聞之即向調查員指出吳某說謊，故最終將其編入清國人之列，並引發吳某對該鄰居暴力相向。【10】換言之，在國籍觀念被引進還不到十年的情況下，有些台灣人已知道雖同為漢人但不一定同「國」，「他們」是「清國人」。從吳某赴鄰家尋仇，亦可推測其因「清國人」身分將受到較差的對待，在可能成功地隱瞞的當下被揭穿，氣憤難平。在已有現代新聞媒體的日治前期，這樣的報導將使得「清國人」、其非「本地人」的意像或觀念，不再僅是事主的個人經驗，而可能進入一般台灣人的集體記憶中。

有別於前述林森之迅速再離台，另有原居住台灣但當年選擇清國籍者，再以清國人身分返台長期居住之例。在一九二七年催生臺灣中華總會館的高銘鴻，其先世在清嘉慶年間即移居台灣，其父高選鋒曾被取進臺北府學第二名，一八九四年中日爆發戰爭後受命辦理團練，嗣因台灣割讓、日軍入台北城而放棄抵抗，並於一八九七年選擇清國籍、率家眷離台。高銘鴻本人則於一九一四年來台灣經商，至一九一六年事業略有基礎，乃與清朝秀才、日治後曾爲保良分局主理並繼續居留於台灣（取得日本國籍）的陳自新之女結婚。【11】高銘鴻入境台灣時的法律上身分，已是中華民國人（按：日本在台法制自一九一二年起，法律條文上原有的「清國人」改稱「中華民國人」）從上述故事看來，中國人可被允許前來台灣經商，且似未受到官方阻撓。

又，一九二一年總督府廢止前述一八九六年開始施行的《清國人臺灣上陸條例》，對於非來台灣從事勞動的中國人，均依一九一八年以府令第七號公布的《有關外國人入國之件》辦理。【12】然爲了防止中國勞工亦利用此令渡台，於一九二〇年一月制訂《從事勞動支那人辦理內規》，同年三月修改《清國勞動者取締規則施行細則》，加強管制中國勞工。【13】看來日本在台統治當局對於來台中國人的管制，主要是針對勞工的部分，蓋其占了絕大多數（見後述）。

表5-1：日治時期居住於台灣之中國人的人數（1905-1945）

	男性		女性		合計
	人數	百分比	人數	百分比	
1905	8,527	95.0	446	5.0	8,973
1915	15,597	84.2	2,928	15.8	18,525
1920	18,688	79.6	4,779	20.4	23,467
1923	23,380	76.6	7,131	23.4	30,511
1930	35,578	71.9	13,878	28.1	49,456
1935	38,964	68.1	18,254	31.9	57,218
1940	29,516	64.6	16,145	35.4	45,661
1945	33,090	63.8	18,795	36.2	51,885

資料來源：吳文星，《日據時期在臺「華僑」研究》（台北：臺灣學生，1991），頁152。

一九三一年中日兩國爆發九一八事件之軍事衝突後，在台中國人遷回中國的人數並不多，只有約五千人左右，故一九三二年時，仍約有五萬中國人居住在作爲一個政治共同體的台灣。【14】一九三七年中日爆發全面性戰爭後，在台中國人遷回中國者有二萬人左右，【15】不過在戰事趨緩後仍有不少人再來台灣謀生。歷年來在台中國人（法律上稱「清國人」及後來的「中華民國人」）的人數，參見表5-1。整個日治時期，這一群不具有日本國籍的在台中國人，在整體台灣人口中所占比例，起初僅占約〇・二%、〇・三%，於日治中期時較多，也才只有一%。【16】

台灣人在台灣將遇到具有怎樣特質的

在台中國人呢？日治初期在台中國人幾乎都是從事茶業的季節工，且絕大多數爲男性。在前述《清國勞動者取締規則》的管制下，來自中國的勞動者以從事苦力、木匠、裁縫工、礦工、車夫等職業占多數。【17】依中日戰爭前夕的一九三六年的統計，在台中國人共有二萬二千零九戶，其中最多的是雜役苦力四千五百八十一戶（二〇・八％），其次爲木匠、木工二千二百零二戶（一〇％），礦工二千一百六十一戶（九・八％），裁縫工一千四百零一戶（六・四％），車夫一千零三十四戶（四・七％）等。臺灣總督府據此統計指出，在台中國人大部分是教育程度較低的勞動者，極少是屬於雜貨商、衣料商、鐘錶匠等獨立經營商店者，故生活水準較低，資產未滿百圓占了一半，資產在五千圓以上者只有五％而已；除極少數的人之外，大部分在台中國人屬於只管顧自己一天飯碗的下層階級。【18】不過，這些來台的中國勞動者，約有八成是來自福建的泉州人、漳州人、福州人，一成多是廣東人，其他如浙江溫州人者極少。【19】是以雖其在法律上是中國人，但是外觀、語言上其與台灣人無顯著差異，此情景恰似台灣人之處於中國廈門等地，也因此在一般社會生活上，台灣人不一定能察覺個別的在台中國人係屬於具有中國國籍者，但如下所述，對於在台中國人仍有其整體的印象。

在殖民地台灣，在台中國人已形成一個稱爲「華僑」的群體。從入境台灣時就一再

圖5-4：1939年台灣全島華僑大會。
來 源：《部報》55期（1939年3月），國立臺灣圖書館提供。

被提醒自己是中國籍的在台中國人，於一九二〇年代即已意識到其有別於其他具有日本國籍的在台漢人，並以「華僑」自稱。於一九二三年一月居住於台北的中國人首先成立「華僑俱樂部」，出現「華僑」一詞，但同年十月其已改稱「臺灣中華會館」。在台中國勞工此時陸續成立的勞工團體，亦自稱「華僑」，例如在一九二三年十二月成立的臺北華僑洋服工友會，此外還有臺北華僑線麵工友會，臺北華僑木工工友會等等。[20]這些由在台中國人勞工組成的團體，爲維護其權益，對於居競爭關係的台灣人同業勞工，有時不免採排斥態度，但亦有與台灣人合組勞工團體者，例如一九二七年成立的「華臺洋服工友會」，【21】顯然在此有「華」與「臺」兩類人群。值得注意的是，一九二八年台南的華僑鞋工與台灣人鞋工欲合組「中臺鞋靴工會」時，因警察當局認爲「中臺」之名稱不妥，遂易名爲「臺灣臺南鞋靴工會」。【22】此或許因爲日本統治者認爲其所稱的「中」乃是國籍，而「臺」卻非國籍，台灣人須認同的國籍是日本。又，一九三一年中華民國政府於台北設立總領事館，正式承認在台具有中國國籍者爲其僑民，亦強化在台華僑的群體意識。

相對的，台灣人及在台灣的日本統治階層，於一九二〇年代亦承認華僑是台灣社會中較特殊的一個族群。由屬於政治異議人士的台灣人、於一九二三年所創刊的《臺灣民報》，相當支持前述的華僑勞工團體的訴求，一份一九二五年的報導即曾以「華僑」稱呼。【23】當時臺灣總督府的御用報紙《臺灣日日新報》，也曾在一九二七年的報導中使用「華僑」一詞。【24】在《臺灣總督府公文類纂》中，有一份一九三〇年做成的文書亦稱之爲「華僑」。【25】

當時中國對「華僑」一詞，有另一種無視於現代國籍觀念的解釋。曾參與臺灣民主國抗日失敗後前往清國的丘逢甲之子丘念臺，於一九三〇年在廣東成立「臺灣華僑同鄉會」。【26】按一般所謂「華僑」是指「凡是中國人移住到外國領土並僑居，而不喪失中國

大正十四年八月十六日　臺灣民報　第六十五號

小言

房內打嫺式的政治

原來文明國的政治、是極禁忌秘密、無論是在本國或在植民地、一切都要公開的。若是始終秘密在黑幕重々之中自會生出隱弊、這是極淺現的道理。但是有些不識時勢的爲政者、以爲秘密之中就可隱蔽缺陷、這是錯誤的很。因爲凡事若不公開使民衆或是外間的識者批判、則弊害自會愈積愈重、一旦病入膏肓、那麼就難得醫治了。又且在秘密之中所做的事、都以爲外人不知、所以動不動就會生出專制和獨斷、致使民衆不服、雖然一時的可以模糊過日、但是能夠貽禍於將來、這是不消說了。所以如果對國家社會的將來有抱責任的爲政者、對於所施行的政治就要公開使民衆理解信服才是。然回顧三十年的臺灣政治多有秘密政策、好像在房內打嫺、以爲外間不知而任意肆威、若有不法的壓迫就怕宣傳外間、對於言論動不動就禁止、不願容世間公正的批判。這樣的房內打嫺式的秘密政策、在廿世紀的今日已經是不能合用了。不論是芭蕉自由移出的問題、雖竹林請願的問題、應該也要公開使世上識者論、是呢。

＊

華僑愛國有何不可

愛家愛鄉這是人情之美、而國民的愛國也是當然的事。所以像這回中國的工人罷工要求恢復國權、這也不外是出自國民的愛國心、而在外的中國國民對國內同胞的運動表示同情、對經濟上實行種々的援助這也是當然的事。如這回在臺華僑議欲募捐、對上海的罷工團援助物質、然聞被當局探知、以爲朝鮮人之捐助經被當局禁止、臺灣同是植民地所以不喜捐助。對這樣的方針實難無議論、朝鮮本是日本的領土、而朝鮮人也是日本籍民對於中國却是沒有直接的關係、所以或者可以阻止。但是中國人無論是在朝鮮臺灣或是日本內地、總是依然也不失其中國國民的資格、所以就是在臺灣他們的愛國心總是不能夠打消的。那麼以中國人和朝鮮人混作一塊議論、未免太過糊塗了。而且現在上海的工團如果苦於生活的時候、惻隱之心人皆有之、扶弱助貧這也是人情之美、雖是日本人若是對他們表同情的、想也沒有不好的地方、何況在於出自愛國心的中國人呢？

街庄人件費過多

七月二十四日臺日新聞有載三浦高雄州知事街庄視察記事、中云對湖內庄的人事件費過多、而敎育不振、有相當的注意。像這樣的事實、不獨是湖內一庄而已、島內的各街

圖5-5：台灣人辦的《臺灣民報》以「華僑」稱呼在台中國人。
來 源：《臺灣民報》第65號（1925年8月16日）。

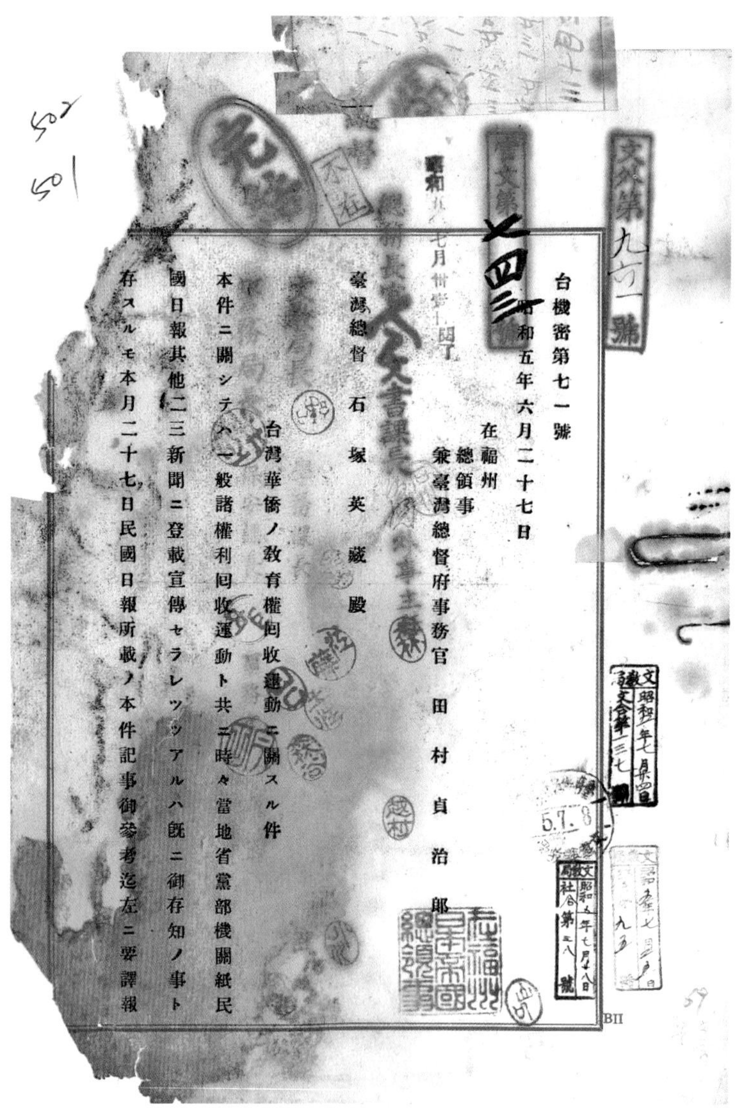
台機密第七一號

昭和五年六月二十七日

在福州
總領事
兼臺灣總督府事務官 田村貞治郎

臺灣總督 石塚英藏殿

台灣華僑ノ教育權回收運動ニ關スル件

本件ニ關シテハ一般諸權利回收運動ト共ニ時々當地省黨部機關紙民國日報其他二三新聞ニ登載宣傳セラレツツアルハ既ニ御存知ノ事ト存スルモ本月二十七日民國日報所載ノ本件記事御參考迄左ニ要譯報

圖5-6：臺灣總督府的內部文書也使用「華僑」稱呼。

來 源：國史館臺灣文獻館提供。

國籍」者，【27】反映了前述中國政府以血統主義為主的國籍觀念。丘念臺於自認為是中國人的同時，又自認為係「僑居」於作為日本領土的台灣；然其實乃居住於中國，而非如前述在台華僑之確實居住於台灣。又，一九四一年中國汪精衛掌控的國民政府內僑務委員會的刊物上，曾提及「若由我國人視之，則日人所謂本島人亦華僑也」，同樣視台灣人為具有中國國籍而僑居於作為日本領土的台灣。【28】前兩例相關人士似乎是本於漢族傳統的觀念，以接受漢文化與否作為身分區別標準，才會認為居住在台灣的漢人係擁有中國國籍的「中國人」，進而稱居住在台灣是「僑居」外國。惟此實有悖於依照國際法及日本國內法，台灣人已具有日本國籍、並非中國人的事實。就日治下台灣人，除非前往廣東並結識丘念臺，否則應接觸不到這種混淆國籍觀念的主張。

二、不同國籍相同對待以致模糊化國籍意涵

不過日本在台統治當局亦採取了某些措施，有礙於台灣人之了解前述現代意義的國籍。就在相當程度是為了廢除不平等條約而制訂的日本民法典的生效日、以及日本政府宣布一年後將實施新修訂條約的一八九八年七月十六日，臺灣總督府公布施行《有關民事商事及刑事之律令》。【29】依此律令之規定，僅涉及「本島人及清國人」的民商事項，

係依用「舊慣」來處斷。在此所謂「本島人」，指稱一八九七年經國籍選擇而取得日本國籍的台灣住民及其子孫，亦即在台福佬人、客家人以及被漢化的平埔族人，[30]即俗稱的「台灣人」；而「清國人」乃指清國國民，因當時在台灣的清國人絕大多數屬於福佬人或客家人，故同樣以台灣漢人（福佬人或客家人）社會的「舊慣」規範之。然而這兩類人分屬不同國籍，卻適用同樣的法律，使台灣人不易感受國籍之別。此外，包括全然由台灣人或在台中國人所組成的企業，也因須「依舊慣」之故，不能組成日本商法上的現代式股份有限公司（日文漢字稱「株式會社」）。[31]直到日治後期，亦即自一九二三年一月一日起，台灣人與在台中國人的民商事項才不再等同視之，[32]而將中國人視爲一般的外國人來決定應如何適用民事法律，使國籍的意義被彰顯出來。

上揭一八九八年《有關民事商事及刑事之律令》亦規定：「內地人及清國人以外的外國人」的民商事項，應依用日本現代/西式民商事法典處斷；雖同時公布施行的《有關民事商事及刑事之律令施行規則》（律令）又特別規定：關於土地的權利須依「舊慣」。在此所謂「內地人」乃指《戶籍法》上本籍仍在日本內地之人，[33]按由於日本的《戶籍法》並未施行於法律上所稱的「臺灣地域」，故台灣人/本島人均無日本《戶籍法》上的戶籍，而是另外依戶籍調查（或後來確立的「戶口調查」）登載本籍。在國內

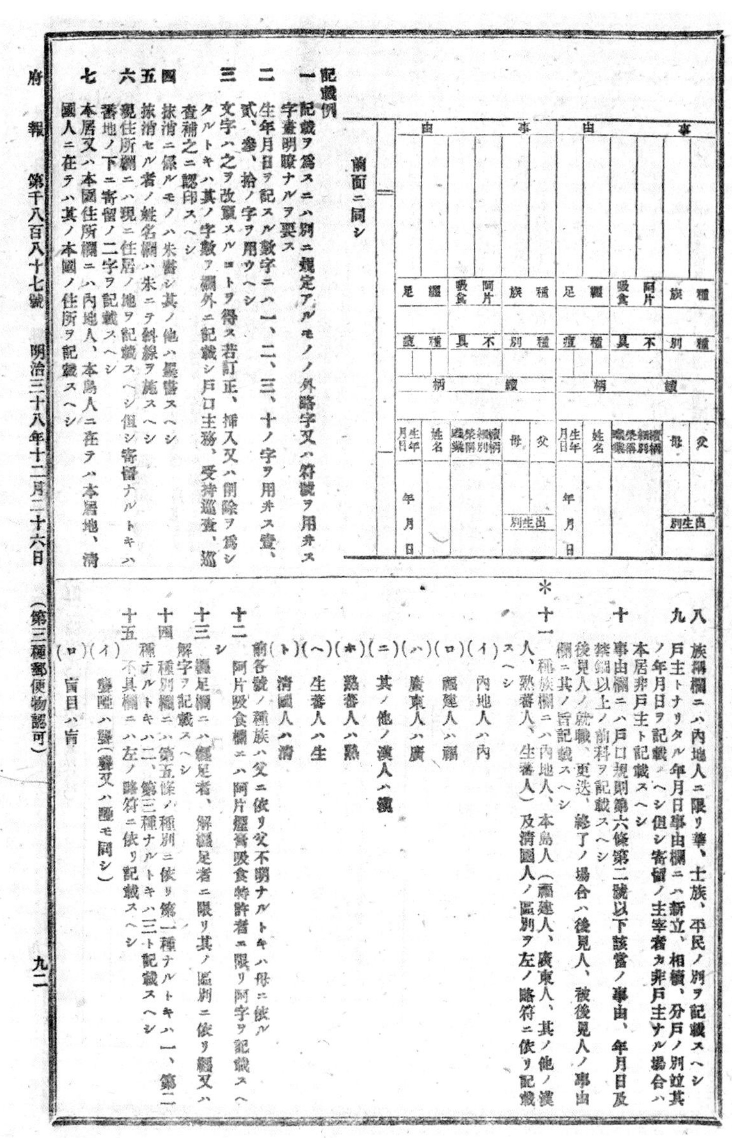

府報　第千八百八十七號　明治三十八年十二月二十六日　（第三種郵便物認可）　九二

事由　種族　阿片吸食　纏足　種別　不具　續柄　父　母　續柄　種別　職業　姓名　生年月日　出生別　年　月　日

事由　種族　阿片吸食　纏足　種別　不具　續柄　父　母　續柄　種別　職業　姓名　生年月日　出生別　年　月　日

前面ニ同シ

記載例

一　記載ヲ爲スニハ別ニ規定アルモノノ外略字又ハ符號ヲ用ヰス字畫明瞭ナルヲ要ス

二　生年月日ヲ記スル數字ニハ一、二、三、十ノ字ヲ用ヰス壹、貳、參、拾ノ字ヲ用ウヘシ

三　文字ハ之ヲ改竄スルコトヲ得ス若訂正、挿入又ハ削除ヲ爲シタルトキハ其ノ字數ヲ欄外ニ記載シ戸口主務、受持巡査、巡查補之ニ認印スヘシ

四　抹消ニ係ルモノハ朱書シ其ノ他ハ墨書スヘシ

五　抹消セル者ノ姓名欄ハ朱ニテ斜線ヲ施スヘシ

六　現住所欄ニハ現ニ住居ノ地ヲ記載スヘシ但シ寄留ナルトキハ番地ノ下ニ寄留ノ二字ヲ記載スヘシ

七　本居又ハ本國住所欄ニハ內地人、本島人ニ在テハ本居地、清國人ニ在テハ其ノ本國ノ住所ヲ記載スヘシ

八　族稱欄ニハ內地人ニ限リ華、士族、平民ノ別ヲ記載スヘシ

九　戸主トナリタル年月日事由欄ニハ新立、相續、分戸ノ別竝其ノ年月日ヲ記載スヘシ但シ寄留ノ主宰者カ非戸主ナル場合ハ本居非戸主ト記載スヘシ

十　事由欄ニハ戸口規則第六條第二號以下該當ノ事由、年月日及禁錮以上ノ前科ヲ記載スヘシ後見人ノ就職、更迭、終了ノ場合ハ後見人、被後見人ノ事由欄ニ其ノ旨記載スヘシ

＊十一　種族欄ニハ內地人、本島人（福建人、廣東人、其ノ他ノ漢人、熟蕃人、生蕃人）及清國人ノ區別ヲ左ノ略符ニ依リ記載スヘシ

（イ）內地人ハ內
（ロ）福建人ハ福
（ハ）廣東人ハ廣
（ニ）其ノ他ノ漢人ハ漢
（ホ）熟蕃人ハ熟
（ヘ）生蕃人ハ生
（ト）清國人ハ清

前各號ノ種族ハ父ニ依リ父不明ナルトキハ母ニ依ル

十二　阿片吸食欄ニハ阿片煙膏吸食特許者ニ限リ阿字ヲ記載スヘシ

十三　纏足欄ニハ纏足者、解纏足者ニ限リ其ノ區別ニ依リ纏又ハ解字ヲ記載スヘシ

十四　種別欄ニハ第五條ノ種別ニ依リ第一種ナルトキハ一、第二種ナルトキハ二、第三種ナルトキハ三ト記載スヘシ

十五　不具欄ニハ左ノ略符ニ依リ記載スヘシ

（イ）聾啞ハ聾（聾又ハ啞モ同シ）
（ロ）盲目ハ盲

圖5-7：1905年《戶口調查規程》，規定戶口調查簿中「種族」欄註記，區分內地人、本島人、清國人。

來 源：《府報》第1887號（1905年12月26日），國史館臺灣文獻館提供。

法上固然區隔出有《戶籍法》上戶籍的「內地人」與沒有這類戶籍的「本島人」，但在國際法上兩者皆擁有日本國籍。【34】於是，台灣人與日本人同國籍，卻因戶籍之差異而適用不同的民事法律，反而與不同國籍的在台中國人適用相同的民事法律，不免令台灣人疑惑其到底跟哪一群人是「同一國」？至於法制上區隔「清國人」與「清國人以外的外國人」，係因西式民商法典本係爲方便原擁有領事裁判權的西方國家國民而施行，故施行對象不包括非西方國家的清國之國民。同樣直到一九二三年一月一日起，才改爲台灣人與日本人就民事財產法事項一律適用日本民商法，只有僅涉及台灣人的親屬繼承事項依台灣人的習慣，猶存有差異。【35】上述「同國籍、不同法律上對待」的現象，多少使得台灣人對該項國籍所要求之對日本國的認同與忠誠，產生一定程度的疏離。這正是一九二〇年代日本統治者在內地延長政策下，之所以欲改變法規範內涵的原因。

日本在台統治當局所採的保甲與笞刑制度，亦造成同國籍，卻有不同的法律上對待。基於前述台灣人與在台中國人均依舊慣的原則，於一八九八年八月三十一日公布的律令第二一號《保甲條例》第一條所稱「參酌舊慣而設保甲之制」，【36】當然亦施行於在台中國人。相對的，在台灣的日本人和清國人以外的外國人則不施行保甲制。在保甲制底下，一般人需繳保甲費、服保甲役，還須爲鄰人行爲負連帶責任。台灣人須與不同國籍的清國人同樣承受這樣的法律上負擔，反而不能與同國籍的日本人一樣豁免，須到一九四五年才等到這項保甲制被廢止。不過自一九三一年起，在台中國人已有多數可不用再實施保甲了。[37]同樣的，一九〇四年公布並施行的《罰金及笞刑處分例》，亦以「本島人及清國人」為適用對象，直到一九二一年五月一日方廢止該處分例。[38]在這十八年間，台灣人與不同國籍的華僑同遭屬於「舊慣」的笞刑處罰，同國籍的日本人卻可免除之。

三、在台中國人有別於台灣人的法律上待遇

不過，語言文化相近的台灣人與華僑在台灣社會謀生時，若只因國籍不同而有差別待遇，則將使台灣人感受到擁有日本國籍的實質意義。首先，華僑從申請入境台灣開始，就受到前述有關一般清國人及清國勞工的嚴格管制，且比起在台灣的台灣人或日本人，工時較長、工資較低，[39]還可能被遣返回中國。例如於日治初期，相對於台灣住民可名正言順返回台灣就業，具清國國籍者可能只好利用一些不當的方式入台，包括購買他人茶工券再貼上自己照片矇混過關。[40]循正規管道來台後，依《清國勞動者取締規則》，廳長認定勞動者有妨礙安寧秩序或紊亂風俗等時，可隨時命令清國勞動者退出台

彰化廳報 第五百八十六號 明治四十年八月三十日

本居地 同
居所 同
賣卜者 林大友 當二十年

右ハ清國勞働者トシテ本島上陸以來各地ヲ徘徊シ濫リニ吉凶禍福ヲ說キ人心ヲ攪亂シ安寧秩序ヲ害スル者ト認メ清國勞働者取締規則第十二條ニ依リ明四十年八月二十三日本島退去ヲ命ス

明治四十年八月三十日 彰化廳長 加藤尙志

譯文

彰化廳告示第七十七號

彰化廳長加藤 為

示知事照得左記者係籍作清國勞働者渡臺而來自上陸以來徘徊各地濫說吉凶禍福攪亂人心玆認有害安寧秩序因照清國勞働者約束章程第十二條即於明治四十年八月二十三日命退去本島合行示知為此示仰爾等民人一体知悉特示

計開

本居地 清國上杭縣
居所 彰化廳彰化街土名北門旅人宿
王三碧方 賣卜者 高日輝 當三十年

本居地 同
居所 同
賣卜者 林漢章 當五十四年

本居地 同
居所 同
賣卜者 林大友 當二十年

右仰咸知

明治四十年八月三十日

圖5-8：來台賣卜的清國勞工因擾亂安寧秩序被彰化廳長命令離開台灣。
來 源：《彰化廳報》第586號（1907年8月30日），國立臺灣圖書館提供。

灣。例如，一九〇七年在彰化曾有五位清國勞工被遣送回中國。依《彰化廳報》所述，其被遣送的原因為，上陸後在各地徘徊，濫說吉凶禍福、攪亂人心，對安寧秩序有害，故依《清國勞動者取締規則》第十二條命令其退出台灣。【41】於一九一六年十月十日，寄留在蔣豐源石店創始人蔣細來家的兩位石匠師傅蔣見金與蔣銀角，也因被指為違反該取締規則而遭遣回中國。【42】且據說被命令退去者往往就在幾天內，甚至不告知其親屬，即被押上待開之船，令其回中國，原應負責使

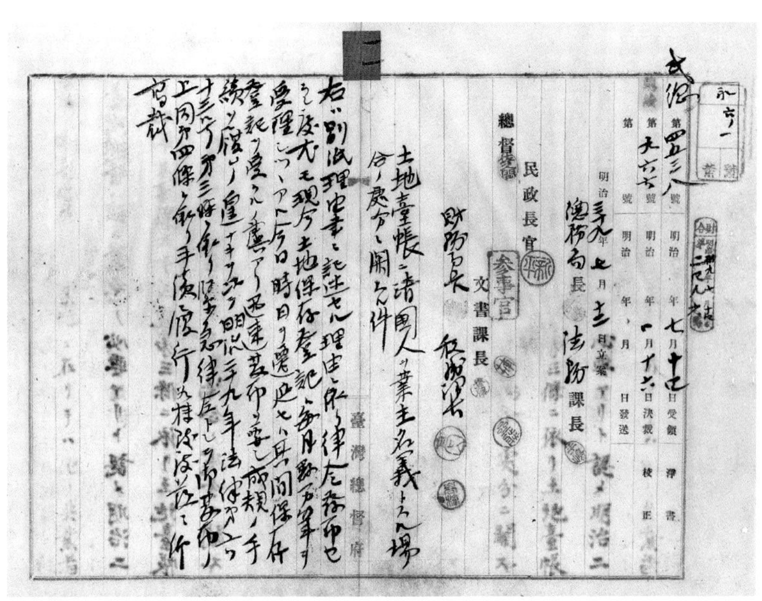

圖5-9：1909年《關於土地臺帳以清國人為業主之處置之件》緊急律令案。
來 源：國史館臺灣文獻館提供。

其歸國的承包人南國公司竟還不負擔被遣返者的旅費。【43】具有日本國籍的台灣人當然可免於這些風險。

在台中國人的民事事項雖於日治前期原則上與台灣人同一待遇，但仍有因不同國籍之故而生例外之情事，其中關係重大者爲具中國籍之人對於台灣的土地不得擁有業主權。按臺灣總督府於一九〇五年七月一日起實施土地登記時，曾有清國人前來登記，當時臺南地方法院院長即向覆審法院院長詢問能否接受登記。【44】覆審法院經討論後認爲，一九〇〇年的律令第一號《有關外國人取得土地之律令》已承認外國人既有的土地所有權。【45】惟臺灣總督府對此覺得不妥，乃於一九〇六年七月十七日，以緊急律令第九號公布施行《關於土地臺帳上以清國人爲業主之處置之件》，規定土地台帳上以清國人爲共業名義人或業主名義人者，廳長應撤銷該項登錄，且該土地之業主權歸於其他共業者，不然即歸於國庫，但有家屬爲帝國臣民時，其權利應歸於家屬。【46】換言之，臺灣總督府不允許清國人在台灣成爲業主權人，其待遇不但不能與台灣人同等，甚至比清國人以外的外國人還要差。

在台灣的華僑對於其不能如台灣人般讓子女接受教育，尤其感到切膚之痛。華僑的子女因在台灣係外國人，故並不當然能夠像台灣人一樣進入屬於國民教育體系的公學校就學，須公學校有空缺才能申請附讀。例如，一九二五年台北華僑學齡兒童有三百名，但進入公學校者僅二十餘名；一九三一年高雄第一公學校曾收華僑子弟，但一個月後即表示其超收名額被糾正，不得不請其中十二位退學；一九四〇年嘉義華僑申請入公學校者三十名，但只十一名可入學。至於以「常用日語」爲要求的小學校，台灣人都很難進入，更遑論華僑，故只有僑領（如前述高銘鴻）子弟才有機會就讀於小學校。在台華僑爲改善文盲過多的問題，一直積極爭取在台設置華僑小學，但日本政府始終不許。【47】汪精衛主政的國民政府於一九四〇年曾特別鼓勵華僑回中國就學，但許多台灣華僑已學會日文，卻不懂中文，故回中國後不無語言扞格之感。【48】可見在台灣殖民地，具有中國籍而受過教育的華僑，經常與具有日本籍而入學率逐漸提升的台灣人一樣是講日語。

亦有台灣人與在台中國人曾經不同對待，但後來待遇一致的例子。臺灣總督府原本將中國人視同其他外國人，一概禁止吸食鴉片。按臺灣總督府於一八九七年一月以律令第二號公布的《臺灣阿片令》，禁止一般人民吸食鴉片，僅限於取得公醫證明而領有牌照之煙癮者，方可購買官製煙膏；由於此令的發布係在國籍選擇期限（同年五月八日）之前，故已有中國人持有鴉片吸食特許牌。【49】就在國籍確定後的同年五月十七日，鳳山支廳長向總督請示阿片令是否適用於居住於台灣雜居地之中國人，總督府對此表示嚴禁外國人吸食鴉片；並於同年五月二十日以民總第八四四號（訓令）由民政局長的名義通達各地方廳：不管居住於雜居地內或外，絕對不允許中國人吸食鴉片煙膏。【50】然而在顧及台灣有引進外來勞工之需求，該禁令將使得許多有吸食鴉片習慣的中國勞工不敢來台灣，臺灣總督府乃於一九〇四年十月十日表示，自一九〇五年一月一日起，限居住於台灣的中國人煙癮者，可取得與台灣人一樣的吸食鴉片特別許可，該許可的有效期限爲一年，期滿可再申請。【51】申請該特別許可的程序幾乎與台灣人一樣，稍有不同的是，若是申請者是中國官吏或商人即需有適當的保證人，若具勞動者身分者則需爲其處理來台事務之人的連署以及兩張相片，【52】並登記在與台灣人不同的管理簿上。【53】到了一九一九年，有鑑於中國政府的鴉片政策，臺灣總督府決定不再許可在台中國人吸食鴉片，於是在一九一九年七月九日規定，現有許可證者在其有效期限屆滿後不能再延長，亦即至當年十二月三十一日爲止，若該中國人已有相當長的時間居住在台灣，則另外再給予三年的時間，讓其選擇離開台灣或戒除煙癮。【54】惟面對執行上的困難，同年一九一九年十二月二十四日再表示，雖不再新發，但仍允許繼續持有已發行的特許證。依統計顯示，在台中國人於年末擁有吸食鴉片特許者，在一九一九年有二千三百零二人，到了一九二〇年降到一千零二十人，其後雖呈現遞減，在一九二五年也還有六百零四人。【55】

上述這些台灣人與華僑的不同待遇，將使得同樣在台灣殖民地營生的台灣人與華僑，體會到其之所以有差異，不在於種族文化或語言，而在於國籍。也因此衍生出國籍轉換的意願或可能性的問題。

四、在台灣殖民地國籍的固著化

來到日本統治下台灣的中國人，能否將其國籍轉換爲日本籍呢？依在台灣生效的日本一八九九年《國籍法》第五條之規定，外國人在五種情形下可取得日本國籍：成爲日本人之妻時、成爲日本人之入夫時、被日本人之父或母認領時、成爲日本人之養子時、歸化爲日本人時。【56】由於成爲日本人養子即可取得日本國籍，因而出現有些中國人藉由與台灣人成立收養關係，以取得台灣籍民身分。臺灣總督府基於治安上的考慮，將許可收養的條件加以嚴格化，譬如要求提出關於中國國籍的出籍（喪失國籍）證明，或確認該申請人在台灣有堅固的生活基礎等等，才予以許可。【57】

至於入夫或養子制度，在日本內地依據一八九八年法律第二一號之規定，外國人欲成爲日本人之入夫、養子，必須得取得內務大臣之許可。該法律於一九〇三年十二月以敕令二〇二號施行於台灣，但在此法施行前，已有未經內務大臣之許可而取得日本國籍的中國人；【58】其施行後，於一九一〇年也有經過嚴格審查後清國人李弧入夫案件被許可之例。【59】然而一九一三年的《臺法月報》曾出現一則由警察本署內官員所做的解釋，認爲台灣舊慣上只有招夫婚姻而無入夫婚姻，故清國人的入夫不能被許可。【60】據此，臺灣總督府對於清國入夫案件的政策，在一九一〇年與一九一三年之間已有所改變，從時間點來看，這項改變與一九一二年之確定台灣籍民的國籍很接近，故有可能因國籍管理已做全面性整頓故不願再輕易開放入籍。

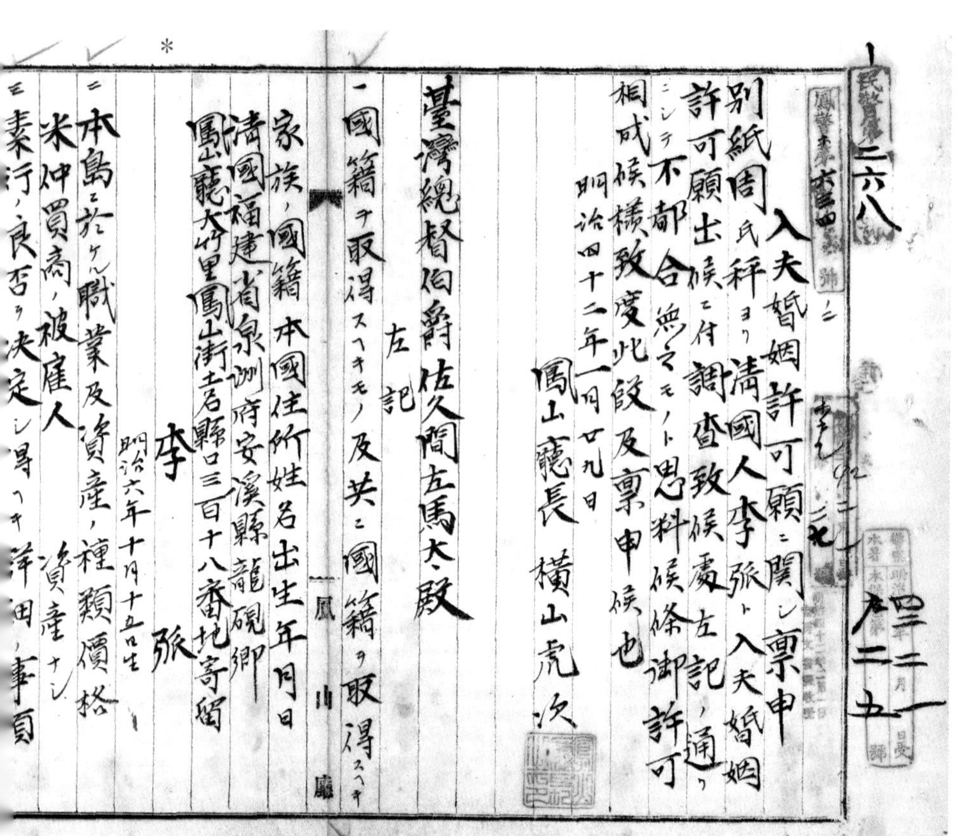

入夫婚姻許可願ニ關シ稟申

別紙周氏秤ヨリ清國人李弧ト入夫婚姻許可願出候ニ付調査致候處左記ノ通リニシテ不都合無之モノト思料候條御許可相成候樣致度此段及稟申候也

明治四十二年一月廿九日

鳳山廳長 横山虎次

臺灣總督伯爵佐久間左馬太殿

左記

一 國籍ヲ取得スヘキモノ及其ニ國籍ヲ取得スヘキ家族ノ國籍 本國住所姓名出生年月日

清國福建省泉州府安溪縣龍硯郷

鳳山廳大竹里鳳山街土名縣口三百十八番地寄留

李 弧

明治六年十月十五日生

二 本島ニ於ケル職業及資産ノ種類價格

米仲買商ノ被雇人

資産ナシ

三 素行ノ良否ヲ決定シ得ヘキ詳細ノ事實

圖5-10：清國人李弧的入夫婚姻案件，個人住所、資產、素行等均經嚴格審查。

來　源：國史館臺灣文獻館提供。

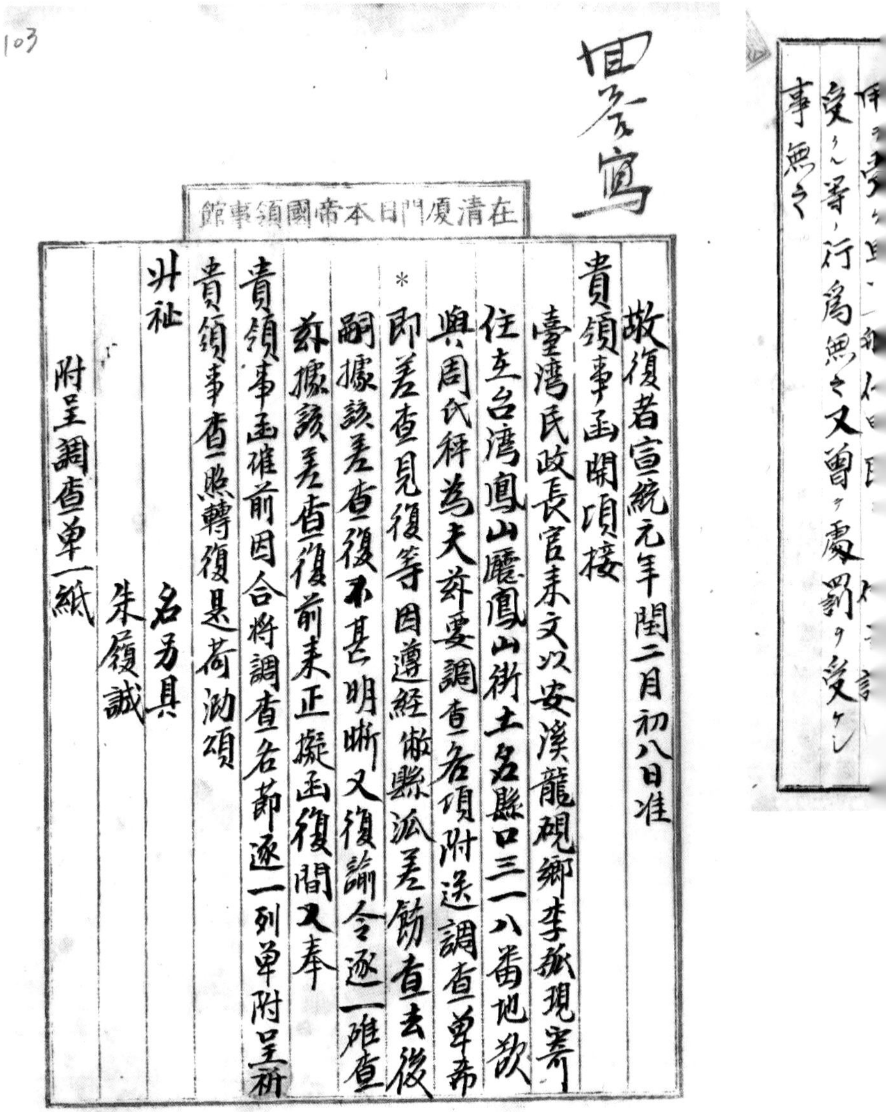

103

回答寫

在清廈門日本帝國領事館

敬復者宣統元年閏二月初八日准
貴領事函開項接
臺灣民政長官來文以安溪龍硯鄉李弧現寄
住在台湾鳳山廳鳳山街土名縣口三一八番地欲
與周氏拜為夫妻要調查名項附送調查單希
*即差查見復等因遵經檄縣派差飭查去後
嗣據該差查復不甚明晰又復諭令逐一確查
茲據該差查復前來正擬函復間又奉
貴領事函催前因合將調查名節逐一列單附呈祈
貴領事查照轉復是荷泐頌
升祉　名另具
朱履誠
附呈調查單一紙

受クル等ノ行為無之又曾テ處罰ヲ受ケシ
事無之

圖5-11：台灣民政長官透過廈門領事館照會清國地方官府請其協助調查李弧。
來　源：國史館臺灣文獻館。

至於招婿婚，在《臺灣總督府公文類纂》裡，有一個在日治後期的一九三二年，關於中國人女子與台灣人男子的案例。總督府表示，這是台灣人（法律上稱「本島人」）與外國人（即中華民國人）之間的身分關係，並不是一九二二年勅令第四〇七號的《有關施行於臺灣之法律特例之件》第五條所規定之「僅涉及本島人的親屬繼承事項」，故不能依該條所規定的「依習慣」來處理。【61】進而認為，該案件屬於「涉外民事事件」而依《法例》應準據日本法；由於日本的《民法》不承認招婿婚，故不能受理該項婚姻。【62】這一對可能語言相通、文化相近的有情人，對於他們被視為「異國鴛鴦」、且不被國家法律所祝福的痛苦，應已刻骨銘心地知道原來問題的關鍵在於不同的國籍。

其他一般婚姻關係，台灣人女子與中國人男子結婚時；依日本《國籍法》第十八條、《大清國籍條例》第五條或中華民國《國籍法》第二條之規定，台灣人女子會失去日本國籍而入中國籍，若離婚時，依據日本《國籍法》第二十五條，須經內務大臣許可方得恢復日本籍。【63】中國人女子與台灣人男子結婚時，依《大清國籍條例》第十三條或中華民國《國籍法》第十條、日本《國籍法》第五條之規定，中國人女子會失去中國國籍而取得日本國籍，若離婚時，依據中華民國《國籍法》第十五條，須經內政部許可方得恢復中國籍。又，當時日本和中華民國兩國的國籍法，都採取父系血統主義。若父親

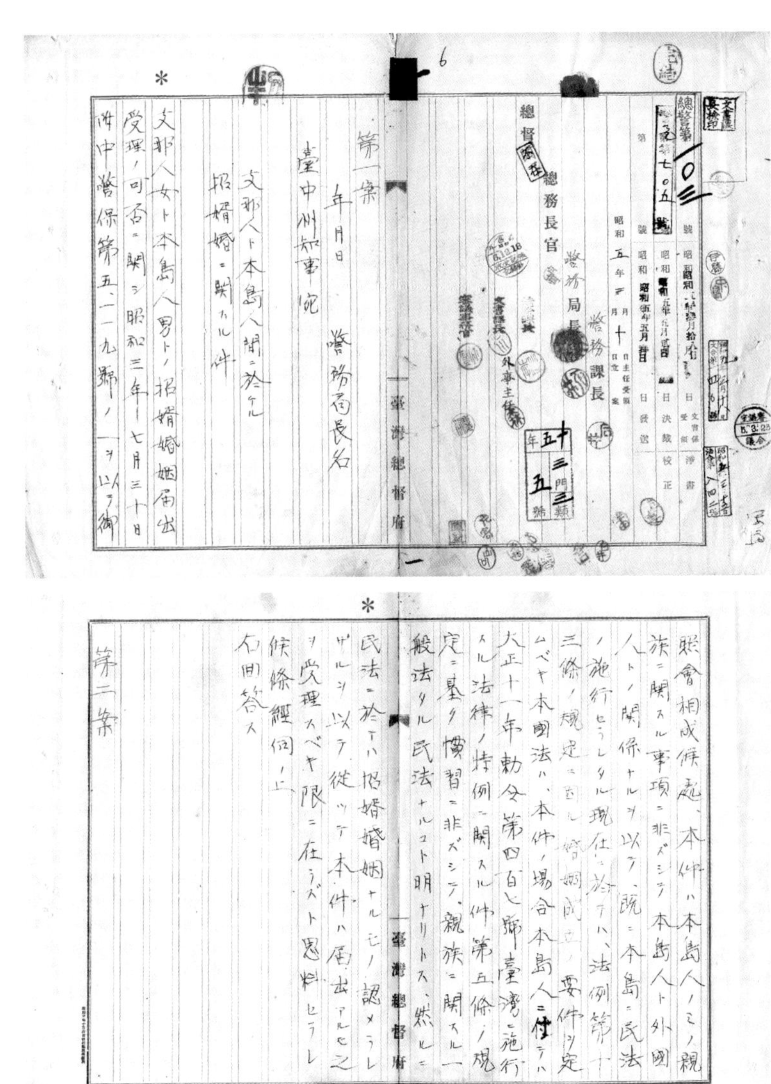

總督府 總務長官 警務局長 警務課長 外事主任

臺灣總督府

第一案

年　月　日　警務局長名

臺中州知事宛

支那人ト本島人間ニ於ケル招婿婚ニ關スル件

支那人女ト本島人男トノ招婿婚姻屆出受理ノ可否ニ關シ昭和三年七月三十日附中警保第五、一一九號ノ一ヲ以テ御照會相成候處、本件ハ本島人ノミノ親族ニ關スル事項ニ非ズシテ本島人ト外國人トノ關係ナルヲ以テ、既ニ本島ニ民法ノ施行セラレタル現在ニ於テハ、法例第十三條ノ規定ニ因ル婚姻成立ノ要件ヲ定ムベキ本國法ハ、本件ノ場合本島人ニ付テハ大正十一年勅令第四百七號臺灣ニ施行スル法律ノ特例ニ關スル件第五條ノ規定ニ基ク慣習ニ非ズシテ、親族ニ關スル一般法タル民法ナルコト明ナリトス、然ルニ民法ニ於テハ招婿婚姻ナルモノ認メラレザルヲ以テ從ッテ本件ハ屆出アルモ之ヲ受理スベキ限ニ在ラズト思料セラレ候條經伺ノ上

右回答ス

第二案

圖5-12：1923年1月1日以後，台灣人與在台中國人在法律上不能成立招婿婚。

來　源：國史館臺灣文獻館提供。

是中國人，其子女即具有中國國籍；若父親是擁有日本國籍的台灣人，其子女亦具有日本國籍；僅於父親不詳時，該子女的國籍才跟隨母親的國籍。值得注意的是，於一九二〇年代後半期，非勞動者的中國人來台者逐漸增加，【64】且與台灣人締結婚姻者亦日漸增加。【65】是以，因婚姻而轉換國籍之事，應不乏其例，亦使人們更加意識到國籍的存在。不過尚不知日本與中國兩種國籍的增減狀況如何。

在台灣殖民地，計有二十人係以申請歸化的方式取得日本國籍，其中除了有一名英國籍的葉貓貓外，【66】其餘十九人都是中國籍。【67】有些在台中國人已知道可經由歸化為日本籍，避免其在台灣的不利地位，例如一九三一年中日發生九一八事件後，即有在台南的華僑唯恐日本將華僑遣回中國，而透過辯護士（律師）詢問能否歸化為日本籍。【68】不過，中國政府關於海外華僑之取得或喪失國籍，於一九三六年八月時曾給予在台北的中華民國領事館一項指令：若申請喪失（中國）國籍之人為四十五歲以下，則絕對不可允許，若申請者為四十六歲以上且可認為有不得已的情形，方得許可。在台北的中國領事認為，在台中國人並無符合「不得已的情形」之事實，故其所採取的方針為絕對不允許在台中國人喪失國籍，亦即不讓他們歸化為日本籍。【69】其結果是，居住於台灣的中國人並未大量地透過歸化程序，使其與台灣人同樣具有日本國籍。

另一方面，在台灣人口中占絕對多數之未曾前往中國的一般台灣人，對於在台華僑的觀感，幾乎就等於是其對具中國國籍者的印象。在台中國人早期都是離鄉背井來台從事勞動之人，其犯罪率乃當時台灣各族群中最高的。在一九二〇年代後雖有較多非勞動階層的中國人來台，但在台中國人的整體的犯罪率仍相當高。根據一九三六年的犯罪統計資料，中國人的刑法犯有一千四百八十八名、特別法犯二千四百六十三名，共三千九百五十一名。與其他外國人的犯罪人數——即刑法犯四名、特別法犯七名，共十一名——比較，在台灣的外國人犯罪可說幾乎都是中國人犯的。至於犯罪種別，刑法犯罪多的是賭博九百八十七名，其次爲傷害一百五十一名、竊盜一百三十一名、詐欺八十名、貪污四十九名等，特別法犯的部分，雖有違反《治安維持法》、違反《軍機保護法》等，【70】但特別多的是違反《臺灣阿片令》者，達三百九十二名，其餘都是違反一般行政規則者。【71】

因此日本統治下的台灣人，大體上並不認爲擁有中華民國/中國國籍是一件值得追求的事。除了上述在台灣的體驗外，曾前往中國的台灣人或其親友，也會從其在中國的生活經驗了解到，通常情形下將因非屬中國國籍而可獲得一些優惠或好處。不過，也由於一般台灣人對於國籍，係扣緊著現實上的利益，而較欠缺國籍制度所預設之對國家的情感上認同與忠誠，故當一九四五年日本戰敗，日本國籍已可預期將不再吃香時，要台灣人接受變成戰勝國之中國的國籍並非難事。宜補充說明的是，上述的台灣華僑當中，有些人倒是因長期在台灣生活而對台灣殖民地政治共同體有歸屬感，故戰後於不必更動中國國籍的情況下，選擇與原日治時期台灣人同樣具有「台灣省籍」。【72】

註釋

【1】國史館臺灣文獻館藏，「清國人臺灣上陸條例」，一八九五（明治二十八）年六月二十九日，收於《臺灣總督府公文類纂》（檔號：七—七）、一八九七年十月十五日訓令第一二八號：〈清國人ヲ製茶工ニ雇使者出願方ニ關スル訓令〉、一八九八年十月十三日府令第九八號：〈清國人茶工券規則〉。參見臺灣總督府警務局編，《臺灣總督府警察沿革誌第二編：領臺以後の治安狀況（上卷）》，頁六七三—六九三。臺灣總督府民政部，《（明治三十一年度分）臺灣總督府民政事務成蹟提要》（台北：臺灣總督府民政部文書課，一八九八），第四篇，頁六二—六三，惟此書將一八九七年訓令第一二八號誤植爲一二六號，按該年訓令一二六號爲樟腦油稅表的樣式改正，與清國人茶工事宜無涉。亦參見栗原純著、鍾淑敏譯，〈台灣籍民與國籍問題〉，收於林金田主編，《臺灣文獻史料整理研究學術研討會論文集》（南投：臺灣省文獻委員會，二〇〇〇），頁四二八—四三〇；許雪姬，〈臺灣中華總會館成立前的「臺灣華僑」，1895-1927〉，《中央研究院近代史研究所集刊》第二〇期

（一九九一年六月）〉，頁一〇〇—一〇一。

【2】詳細的情形，參見栗原純著、鍾淑敏譯，〈台灣籍民與國籍問題〉，頁四三〇—四三二。

【3】一八九九年勅令第二八九號的內容，見《臺灣總督府報》第五五二號（一八九九年七月二日），頁一〇—一一。關於該勅令生效日，見拓務大臣官房文書課，《內外地法令對照表》（東京：拓務大臣官房文書課，一九四一），頁一〇七。

【4】參見栗原純著、鍾淑敏譯，〈台灣籍民與國籍問題〉，頁四三二—四三四；許雪姬，〈臺灣中華總會館成立前的「臺灣華僑」，1895-1927〉，頁一〇二—一〇三。該兩號府令的日文名稱爲：「外國人取扱規則」、「清國勞働者取締規則」，見《臺灣總督府報》第五六一號（一八九九年七月十六日），頁四三—四四、第五六二號（一八九九年七月十八日）頁四八—四九。

【5】清國勞動者來台人數增加的理由，包括一九〇五年日俄戰爭後，在福州俄國人經營的製茶公司撤退回俄國，以及清國人經營的銀行（本店在廈門，支店在福州）破產，導致華南地區不景氣等因素造成在華南地區出現許多失業者，這些人欲前往台灣工作。參見東洋協會臺灣支部編輯，〈清國勞働者の增加〉，《臺灣時報》第一八號（一九一〇年十二月），頁四九。

【6】參見許雪姬，〈臺灣中華總會館成立前的「臺灣華僑」，1895-1927〉，頁一〇三—一〇五。該號府令的日文名稱爲：「清國勞働者取締規則」，見《府報》第一五九九號（一九〇四年九月二十四日），頁三二—三三。

【7】例如一九四九年國民黨在台統治當局亦斷絕台灣與中國大陸之間人的流動，今之台灣政府亦對包括中國在內其他國家勞工之進入國境有嚴格的管制措施，且對外勞承包業者有一定的要

求。參見王泰升，《台灣法律史概論》，頁一七七。

【8】林信旭，〈林森先生與嘉義地方法院〉，《司法週刊》第一三九五期（二〇〇八年六月），頁三。根據《林森年譜》，林森於一八八七年來台灣的西學堂讀書，一八九〇年考進電報學堂，一八九一年分派台北電報局工作。林友华，《林森年譜1868-1943》（北京：中国文史出版社，二〇一二），頁一八—二二。

【9】參見林信旭，〈林森先生與嘉義地方法院〉，頁三。另一說是一八九八年在嘉義任通譯職，一八九九年春返中國。林伏濤，〈嘉義青芝亭記〉，收於台北市林森縣文教基金會主編，《林子超先生紀念集》（台北：正中書局，一九九二），頁二六六—二六七。據孫江淮所述，林森是「以外國人的身分被日本政府任官」，且係擔任臺南地方法院嘉義支部的書記官。參見林玉茹、王泰升、曾品滄訪問，吳美慧、吳俊瑩記錄，《代書筆、商人風：百歲人瑞孫江淮先生訪問紀錄》（台北：遠流，二〇〇八），頁二八〇。

【10】詳細的內容，參見〈國勢調查之笑柄〉，《漢文臺灣日日新報》，一九〇五（明治三十八）年十月四日，四版。

【11】參見許雪姬，〈臺灣中華總會館與日據時期的臺灣華僑（一九二七~一九三七）〉，《史聯雜誌》第二二期（一九九三年六月），頁六九。高銘鴻與陳自新之女的婚姻，依《臺灣民事令》第三條之規定，僅涉及台灣人與中華民國人的民事事項應「依舊慣」。

【12】日文名稱爲：〈外國人入國ニ關スル件〉。見《府報》第一四九〇號（一九一八年二月十日），頁三六。

【13】參見許雪姬，〈臺灣中華總會館成立前的「臺灣華僑」，1895-1927〉，頁一〇五。按

【14】一九二一年三月十九日修改「清國勞働者取締規則施行細則」。見《府報》第二三三五號（一九二一年三月十九日），頁三六—三七。〈支那勞働者は全島に五萬人　引揚げたのが千位　南國公司の成富氏談〉，《臺灣日日新報》，一九三二（昭和七）年二月十七日，七版。

【15】許雪姬，〈日治時期的「臺灣華僑」（1937-1945）〉，收於張炎憲主編，《中國海洋發展史論文集（第六輯）》（台北：中央研究院中山人文社會科學研究所，一九九七），頁五〇一。

【16】日治時期在台灣的「中國人」及其他族群，於各時期在台灣共同體之總人口中所占比例，參見王泰升，《台灣日治時期的法律改革（修訂版）》（台北：聯經，二〇一四），頁二一、表一。

【17】參見松尾弘，《臺灣と支那人勞働者（右に關する一つの調查報告書）》，南支南洋研究第二八號（台北：南支南洋經濟研究會，一九三七），頁四二。

【18】參見臺灣總督府警務局保安課編，〈昭和十一年中ニ於ケル外事警察概況〉，一九三七（昭和十二）年，引自外務省外交資料館藏，「外事警察概況報告」，收於「外事警察關係雜纂第一卷」，《外務省記録》（檔號：K.3.6.0.1）。

【19】松尾弘，《臺灣と支那人勞働者（右に關する一つの調查報告書）》，頁四四。

【20】參見吳文星，《日據時期在臺「華僑」研究》（台北：臺灣學生，一九九一），頁四九、五二—五六；許雪姬，〈臺灣中華總會館成立前的「臺灣華僑」，1895-1927〉，頁一二三。

【21】參見吳文星，《日據時期在臺「華僑」研究》，頁五七—五八。

【22】參見吳文星，《日據時期在臺「華僑」研究》，頁五八—五九。

【23】〈華僑愛國有何不可〉，《臺灣民報》第六五號（一九二五年八月十六日），六版。

【24】〈全島華僑代表會議　集るもの二百餘名　いづれも故國の戰亂を憂ふ〉，《臺灣日日新報》，一九二七（昭和二）年三月十一日，五版。

【25】國史館臺灣文獻館藏，「臺機密第七一號　臺灣華僑ノ教育權回收運動ニ關スル件」，一九三〇（昭和五）年六月二十七日，收於《臺灣總督府公文類纂》（檔號：一〇九七一—一三二）。

【26】參見許雪姬，〈臺灣中華總會館成立前的「臺灣華僑」，1895-1927〉，頁一〇〇。

【27】許雪姬，〈臺灣中華總會館成立前的「臺灣華僑」，1895-1927〉，頁九九。

【28】參見許雪姬，〈日治時期的「臺灣華僑」（1937-1945）〉，頁五二一—五二二。

【29】參見外務省条約局編，《律令総覧（「外地法制誌」第三部の二）》（東京：文生書院，復刻版，一九九〇），頁一四六；王泰升，《台灣法律史概論》（台北：元照，四版，二〇一二），頁二七七—二七八。

【30】參見姉齒松平，《本島人ノミニ關スル親族法並相續法ノ大要》（台北：臺法月報發行所，一九三八），頁一〇—一二。

【31】參見王泰升，《台灣法律史概論》，頁二七九。

【32】自一九二三年一月一日起，日本的民商法典直接施行於台灣，故在台灣的台灣人與內地人皆適用之，惟作爲例外的是，僅涉及台灣人的民事事項，並不適用日本民法親屬與繼承兩編，

而是依習慣。不過，在此項例外性規定，並未將「中華民國人」與「本島人」並列。參見王泰升，《台灣日治時期的法律改革（修訂版）》，頁三二五—三二六。

【33】參見姉齒松平，《本島人ノミニ關スル親族法並相續法ノ大要》，頁七、二二。

【34】參見清宮四郎，《外地法序說》（東京：有斐閣，一九四四），頁九、四二—四五。這一點很早就爲日本外交系統所確認，參見外務省外交資料館藏，「機密第五號　臺灣籍民ノ狀態報告ノ件」，一九一〇（明治四十三）年三月十四日，收於「南部支那在留台湾籍民名簿調製一件」，《外務省記録》（檔號：3.8.7.18）。

【35】參見王泰升，《台灣日治時期的法律改革（修訂版）》，頁三一一—三一二、三二五—三二六。

【36】參見外務省条約局編，《律令総覧（「外地法制誌」第三部の二）》，頁七九。

【37】其詳，參見許雪姬，〈臺灣中華總會館與日據時期的臺灣華僑（一九二七～一九三七）〉，頁七四。

【38】參見外務省条約局編，《律令総覧（「外地法制誌」第三部の二）》，頁一七九—一八〇。

【39】參見許雪姬，〈臺灣中華總會館成立前的「臺灣華僑」，1895-1927〉，頁一〇七。

【40】例如清國人吳深，先在廈門購買的他人名義的茶工券，貼上了自己的照片，於一九〇一年從淡水登陸台灣後，從事苦力工作。參見「臺北地院明治三十六年第二四七五號刑事判決」，一九〇三（明治三十六）年九月二五日，收於國立臺灣大學圖書館、國立臺灣大學法律學院建置，「日治法院檔案資料庫」，臺北地院，《刑事判決原本輕罪明治三十六年第九冊九月》，頁二九〇—二九二。（最後瀏覽日：二〇一三年三月十二日）、外務省外交史料館

藏，「（3）台湾拓殖株式会社ノ支那人労働者取扱事業経営ニ関スル件」（一九四〇年四月十日，收於「JACAR（アジア歴史資料センター）〔網路資料〕」（網址：http://www.jacar.go.jp，參考碼：B06050364900，最後瀏覽日：二〇一四年九月五日）。

【41】參見彰化廳庶務課編輯，《彰化廳報》第五八六號（一九〇七年八月三十日），頁一四五—一四六。

【42】參見行政院文化部建置，「臺灣大百科全書〔網路資料〕」（網址：http://taiwanpedia.culture.tw/web/index，最後瀏覽日：二〇一三年三月十日），條目：「蔣細來」（莊耀棋撰）。

【43】參見許雪姬，〈臺灣中華總會館與日據時期的臺灣華僑（一九二七—一九三七）〉，頁七五。

【44】參見〈雜報／清國人の業主權〉，《臺灣日日新報》，一九〇六年（明治三十九）七月十日，二版；〈雜報／清國人の登記問題〉，《臺灣日日新報》，一九〇六（明治三十九）年七月十四日，二版。

【45】參見國史館臺灣文獻館藏，「外國人ノ士〔土〕地取得ニ關スル件及土地貸借ニ関スル件（律令第一號、第二號）」，一八九九（明治三十二）年十月十八日—一九〇〇（明治三十三）一月三十一日，收於《臺灣總督府公文類纂》（檔號：四七六—一五）。

【46】參見國史館臺灣文獻館藏，「清國人ヲ共業名義人トスル場合ノ處分ニ關スル件」，一九〇六（明治三十九）年七月十七日，收於《臺灣總督府公文類纂》（檔號：一一一九三—一一）；〈雜報／土地問題の解決（緊急律令）〉，《臺灣日日新報》，一九〇六（明治

三十九）年七月十七日，二版。該律令之內容，見外務省条約局編，《律令総覧（「外地法制誌」第三部の二）》，頁九七。

【47】參見許雪姬，〈臺灣中華總會館成立前的「臺灣華僑」，1895-1927〉，頁一一五—一一六；許雪姬，〈臺灣中華總會館與日據時期的臺灣華僑（一九二七—一九三七）〉，頁七七；許雪姬，〈日治時期的「臺灣華僑」（1937-1945）〉，頁五三○—五三一。

【48】參見許雪姬，〈日治時期的「臺灣華僑」（1937-1945）〉，頁五三○—五三一。

【49】參見〈雜報／阿片令と清國人〉，《臺灣新報》第二三○號（一八九七（明治三○）年六月十六日），二版。

【50】參見國史館臺灣文獻館藏，「外國人ニ阿片吸食ヲ許サス」，一八九七（明治三○）年五月二十日，收於《臺灣總督府公文類纂》（檔號：一三三—四一）。

【51】參見松下芳三郎，《臺灣阿片志》（台北：臺灣總督府專賣局，一九二六），頁三九一—三九二。

【52】參見〈雜報／清國人の阿片吸食〉，《臺灣日日新報》，一九○五（明治三十八）年一月二十六日，五版。

【53】參見國史館臺灣文獻館藏，「清國人阿片吸食者國籍變更及行衛不明ノ場合臺帳刪除シタル者所在發見ノ節取扱方ノ件」，一九○五（明治三十八）年五月五日，收於《臺灣總督府公文類纂》（檔號：一○六三—二五）。

【54】參見松下芳三郎，《臺灣阿片志》，頁三九五。

【55】參見松下芳三郎，《臺灣阿片志》，頁三九六—三九七。

【56】見国立公文書館藏，「御署名原本・明治三十二年・法律第六十六号・国籍法」（「内閣御署名原本」，檔號：03696100），一八九九（明治三十二）年三月十五日，收於「JACAR（アジア歴史資料センター）」（參考碼：A03020376100，最後瀏覽日：二〇一三年三月十二日）。

【57】參見國史館臺灣文獻館藏，「支那人養子緣組願ニ關スル件」（檔號：七二〇二—二）；國史館臺灣文獻館藏，「支那人ノ養子緣組ニ関スル件」，一九二三（大正十二）年一月一日，收於《臺灣總督府公文類纂》（檔號：二二四〇—一三）；山霞紫甫，〈臺灣華僑（六・完）〉，《臺法月報》第三十七卷第十一號（一九四三年十一月），頁六一—六二。

【58】參見〈雜報／清國人の入夫養子〉，《臺灣日日新報》，一九〇五（明治三十八）年十月六日，二版。

【59】參見國史館臺灣文獻館藏，「周氏秤清國人李弧ヲ入夫ト爲スノ件」，一九一〇（明治四十三）年一月十九日，收於《臺灣總督府公文類纂》（檔號：一七三三—七）。

【60】參見出田虎武，〈清國人の入夫に關する件〉，《臺法月報》第七卷第四號（一九一三年五月），頁七三—七四。

【61】關於一九二二年勅令第四〇七號《有關施行於臺灣之法律的特例》第五條之規定，參見王泰升，《台灣法律史概論》，頁二八二。

【62】參見國史館臺灣文獻館藏，「支那人ト本島人間ニ於ケル招婿婚ニ関スル件」，一九三〇（昭和五）年一月一日，收於《臺灣總督府公文類纂》（檔號：七三八八—一）。倘若該招

婿婚發生於一九二二年十二月三十一日之前，則根據當時「依舊慣」之規定，在法律上即可被承認。

【63】參見國史館臺灣文獻館藏，「斗六廳下居留清國人張振明黃氏粉離婚復籍ニ付國籍回復願內務大臣ニ進達許可等ノ件」，一九〇七（明治四十）年七月二十九日，收於《臺灣總督府公文類纂》（檔號：一二七九—三四）。

【64】〈非勞働之來臺華僑　漸次增加〉，《臺灣日日新報》，一九二七（昭和二）年一月三十日，夕刊四版。

【65】〈南市華僑近況　為頻年內亂來者益多　多在工藝方面〉，《臺灣日日新報》，一九二八（昭和三）年二月二十六日，四版。

【66】葉貓貓是出生於台北州，但其父親是英國籍，母親是具日本國籍的台灣人，故其國籍跟隨父親而擁有英國國籍。參見國史館臺灣文獻館藏，「葉貓貓英國人歸化願ニ關スル件」，一九三五（昭和十）年一月一日，收於《臺灣總督府公文類纂》（檔號：一〇三四九—三）；浅川晃広，《近代日本と帰化制度》（広島：溪水社，二〇〇七），頁一五一。

【67】浅川晃広，《近代日本と帰化制度》，頁一五〇。目前尚未確定這十九人的名字、背景或歸化理由等，但其之歸化，應發生於後述一九三六年八月間中國政府給予在台北的中華民國領事館關於喪失國籍之指令之前。

【68】參見許雪姬，〈臺灣中華總會館與日據時期的臺灣華僑（一九二七—一九三七）〉，頁八一。

【69】參見臺灣總督府警務局保安課編，〈昭和十一年中ニ於ケル外事警察概況〉。

【70】這一部分的犯罪，從中國的立場則視爲忠貞、英勇的「抗日」行爲；不過，據研究者指出，不乏是日本警察誣陷者。參見許雪姬，〈日治時期的「臺灣華僑」（1937-1945）〉，頁五〇一—五〇六。

【71】參見臺灣總督府警務局保安課編，〈昭和十一年中ニ於ケル外事警察概況〉。

【72】參見許雪姬，〈戰後初期原「臺灣華僑（1945-1947）」〉，收於黃富三、古偉瀛、蔡采秀主編，《臺灣史研究一百年：回顧與研究》（台北：中央研究院臺灣史研究所籌備處，一九九七），頁一一一五。

第六章

結論

作爲西方歷史產物的現代法上國籍，係用以表徵某個人係某特定國家之國民，且意味著該個人對該國具有忠誠義務。然而漢族的法律傳統，卻是以接受漢文化與否，來區分民人與化外人，故欠缺由近代西方主權國家所衍生的「外國人」概念。然十九世紀後半葉，原即富有出洋或爲化外貿易經驗的福建、廣東沿海的漢人，於移居屬於化外的今之東南亞後，取得了西方國家的國籍，並在清朝中國被迫從朝貢體制轉向條約體制的情況下，返回故鄉成爲具有外國國籍的所謂「海外華人」。其一方面藉助於國籍制度，當人身或財產遭到中國（清朝）民人或官員威脅時即請國籍所在國領事爲外交保護，發生法律爭議或有犯罪之嫌時亦由領事處理或爲裁判；另一方面以文化上仍屬漢人，規避其因屬外國籍而在中國應受到的法律上限制，且繼續在原有的家族或鄉邑的人際網絡裡生活，未必認同其國籍所屬國並產生忠誠意識。國籍因而普遍地被視爲是，必要時可拿來維護自身利益的工具爾。

清朝統治下台灣的漢人移民與福建、廣東等原鄉之人猶有所往來，故前述視國籍爲謀利工具的認知，某程度已傳遞至清治台灣漢人社會。況且清朝在一八九五年結束對台灣統治之前，不曾制定、更不用說施行過具有現代意義的國籍法。不甚了解國籍意義的一般台灣人在一八九五年的《馬關條約》中，被要求依西方人的國際法，「選擇」日本或清國作爲其「國籍」。而依臺灣總督府所頒行的《臺灣住民身分處理辦法》，台灣住民可用「不遷離台灣」的方式表示選擇了日本國籍，但日本政府對其仍可拒絕給予日本國籍。於是沿襲著視國籍爲無關國家忠誠之謀利工具的觀念，絕大多數在台灣的漢人出於生計或方便而「選擇」並取得了日本國籍，而非基於對日本這個國家的認同。

台灣人縱令在一八九七年五月八日後已確定具有日本國籍，但其與台海對岸的往來仍相當頻繁，這群短暫停留或長期居住於廈門、福州等中國領土的台灣人，從此得到一個新的身分：「台灣籍民」，且因係日本國民而在中國享有免除釐金稅、落地稅或其他租稅賦課，以及治外法權等特權。於是連居住在中國的漢人，也想冒充台灣籍民以獲取前述好處，包括不法之徒欲藉此逃避清朝法律制裁。由於臺灣總督府有意拓展其在台海對岸廈門等地的勢力，故傾向於開方便之門以吸納廈門等地有力人士，不在意國籍觀念之被扭曲，但日本中央政府派駐廈門等地的領事則認爲，爲守護這些人的利益而忙煞領事館，並不符日本的國家利益。最後仍導致在廈門等地的台灣籍民，其實多數是與台灣沒有什麼關係的中國在地人。

台灣籍民的國籍及其法律上待遇，因而在日本與中國間引發許多爭議。清朝於一九〇九年所制定的中國第一部有關國籍的法律中規定，凡中國之父母所生者即爲中國人，且未獲清廷批准出籍而入外國籍者仍視爲有中國國籍，以盡量讓擁有華人血統者取得中國國籍，而不在乎雙重國籍所造成的忠誠義務相衝突。清朝政府又鑑於中國在地人假冒外國（含日本）國籍的歪風，而規定在不屬通商口岸的中國內陸地區享有居住、營業或是擁有不動產等中國國民特有之權利者，視同具有中國籍。但如此一來，在中國之具有華人血統的台灣人，以及在依條約選擇爲日本國籍之前就已在中國福建、廣東等原鄉擁有不動產（家產）的台灣人，將因中國方面前揭規定而被認爲具有中國國籍，並受中國政府管轄。基於日本的國籍管轄，日本政府不斷地與中國政府進行外交協商，以保護在中國的台灣人的利益。

惟在個案裡，涉案的台灣籍民是否係定居於台灣的台灣人或實係冒籍的中國在地人，也一直困擾著日本在中國的領事館。一九一〇年日本駐中國南部各地領事館對於在中國的台灣籍民進行整頓，事實上卻是針對已登錄爲台灣人者，以承認其具有日本國籍是否符合日本國家利益爲準進行篩選。其結果，「台灣籍民」與「台灣人」兩者還是不能劃上等號，故在官方紀錄上爲非作歹的台灣籍民，很可能有一些實非眞正的台灣人，而是中國在地人。且在整頓過程，僅憑領事館認定某人有不正當的行爲即可剝奪表徵國民身分的國籍，凡此均顯示日本官方亦未眞誠對待西方傳入的國籍制度。

被日本政府認定爲具有日本國籍的台灣人，將因其在中國的法律生活，而感受到國籍的存在或重要。按日本對於在中國的日本國民擁有將國籍管轄原則推至極致、漠視當地國主權管轄的領事裁判權，日本的領事或法院，特別是日治中期以後的臺灣總督府法院，得以將其司法管轄權延伸至居住於中國的台灣人，並使其了解具有日本國籍的實質意義。像從事武裝抗日的簡大獅，在前往中國後卻因其國籍已「選擇」爲日本，以致被漢文化上的「祖國」，亦即中國，引渡給日本在台統治當局判處死刑。但有更多的在中國的台灣人，由於具有日本國籍，故在涉嫌犯罪時即被引渡至日本領事館，而在經調查後可能以罪證不足爲不起訴處分，即使是有罪判決也須在法定刑範圍內爲之，可不用擔心進入人身保障較爲欠缺的中國刑事訴訟程序，或被中國當局處以與罪責不相當的極刑。這項刑事訴追程序上的保障，於一九一〇年代前期竟引來一些品行不良的台灣人來到中國福建、廣東一帶，大肆爲經營賭場、妓館或販賣鴉片等惡行。因此一九一六年五月後臺灣總督府曾幾次派遣警察官到中國上揭地方，會同當地的領事官取締及拘留那些不良台灣人，但此無異於台灣統治當局將其警察權延伸至台海對岸的中國。

日治時期的台灣人也因爲具有日本國籍，使得其縱使前往中國亦難逃臺灣總督府的監控。從日治初期起，台灣人欲跨越台海到中國就受旅券制度的規制，此一制度增加擬前往中國的台灣人在時間和金錢上的成本，故於一九二〇年代遭台灣人批評，不過從一九〇八年起台灣人即可經由日本內地前往中國，而規避旅券之要求。但無論如何，旅券制度的持續存在，仍提醒著台灣人：前往台海對岸即是到不同的國家，有別於前往屬同一國的日本內地。不滿日本在台殖民統治而前往中國的台灣人知識菁英，就算繞道日本內地以閃躲旅券制度，在中國還是因具有日本國籍而繞不出日本領事警察的監管。彼等從現代法政教育裡了解到國籍制度，故乃是請求同屬漢族、但不同國籍的中國人的協助「我們」反抗日本帝國；且人雖在中國，卻得不到同族、但不同國的中國之庇護。

反倒是在中國的台灣人經常本於日本國籍，而要求日本國給予保護。在一八九七年國籍選擇確定後不久，即有居留廈門的台灣人以日本臣民的身分，請求日本領事出面督促清國政府公平處理其訟案。一九〇六年亦有一些居住於廈門的台灣人，以台灣籍民的身體財產一再受到威脅爲由，請求日本政府與中國交涉以給予其更多的司法上保障。此外，中國方面認爲若在中國內陸地區置有產業及爲田土等事爭訟，即應仍照中國民人辦理，由於該規定而受到不利益的台灣人，可能就會請求日本領事出面交涉，不過對此類爭端日中兩國一直難以達成協議。日本的外交保護並非紙老虎，爲保護具有日本國籍的台灣人，日本曾從馬公派出軍艦及陸戰隊登陸廈門進行護僑。一般台灣人對於日本國籍在中國所具有的「好處」似乎頗爲了解，連反對日本在台殖民統治者，在中國都懂得運用日本國籍以取得較佳的司法上保障。惟中日爆發戰爭後，在中國的台灣人已較難以得到日本國的保護，此時可能藉語言之便而自稱福建人或廣東人，以掩飾台灣人身分，或者投靠親日或反日政權以求自保。

台灣人會本於國籍要求日本國保護，日本國也會本於國籍要求台灣人盡忠誠義務。在二次大戰期間，不少台灣人參與了日本對中國占領地的統治，不過似乎未參與日軍在中國戰場的軍事活動，蓋台灣人主要是以軍夫或軍屬身分在東南亞戰區協助日軍作戰。日治末期，台灣人終於因當年不知其所以然的「選擇」日本國籍，而被要求善盡服兵役之國民義務、以軍人身分上戰場。總共有十三多萬台灣人，因具有日本國籍而爲這場日本發動的戰爭付出其生命或青春，死亡者尤以提供日軍勞務的台灣人軍屬為多。台灣人為享有日本國籍所帶來的好處，所付出的代價不斐。

在不將國籍與國家忠誠做連結的情況下，某些具日本國籍但居留中國的台灣人的作為，就好像其也有中國國籍。由於日治時期台灣人經常是以實際上有無需要來考量國籍的歸屬，故在中國的台灣人必要時可能會將日本籍轉換為中國籍。謝介石於一九一四年放棄日本國籍並於隔年取得中華民國國籍，即為其爭取到在中國外交部門工作，再配合其原與日本關係密切，最終成為滿洲國的第一任外交部總長，但戰後其卻因已轉換為中國籍而被套上「漢奸」罪名。具日本國籍又屬漢族的台灣人，即在滿洲國充分發揮其既可以是「日系」，又可以是「滿系」，甚或取得「漢系」身分的機動性。另一位為了在中國的外交系統發展而棄日本籍、就中國籍的是黃朝琴，其更因戰時跟隨最後戰勝的中國重慶政府，而在戰後台灣繼續享受轉籍的「紅利」。

日治時期未曾到中國的台灣人，還是有機會在台灣遇到講同樣語言（甚至可能包括日語）、穿同樣衣服，從事同樣的勞動或商業活動，但有著不一樣的國籍，故自稱「華僑」的清國人或中華民國人。這些人因屬於中國國籍，故欲入境台灣或居住於台灣時，均須接受日本當局對清國勞工或茶工所為之管制。這使得一般台灣人透過未被管制，例如不必隨身攜帶上陸許可證、不至於被遣返中國等，而認知到彼此在國籍上的差異。惟日治前期的民事法律以及保甲與笞刑制度，卻將台灣人與清國人（中華民國人）列爲同一類人，而相對的將日本內地人與中國以外的外國人當成另一類，某程度混淆了台灣人之與日本內地人係同屬日本國籍。不過，在法律生活中扮演重要角色的土地法律關係，終究還是在台灣人與中國人間做了差別待遇，僅容許具有日本國籍的台灣人擁有土地的所有權。且在台中國人在就學上至爲吃虧，因華僑的子女不能夠像台灣人一樣進入屬於國民教育體系的公學校就學，須公學校有空缺才能申請附讀，日本當局又不准其在台設置華僑小學。

來到台灣的中國人有機會將其國籍轉換爲日本國籍，台灣人女子則可能因與在台中國人男子結婚而失去日本國籍，凡此均使得台灣人益發認知到國籍的存在。在台中國人雖可因被台灣人收養而取得日本國籍，但准許收養的條件相當嚴格，又早期雖存在但後來中國人男子已不能再藉入夫婚姻而取得日本國籍。不過台灣人與中國人因締結一般婚姻而轉換國籍者，應不乏其例。此外，雖在台中國人有十九位曾歸化爲日本籍，一九三六年中國政府曾指令其台北領事館不允許在台中國人喪失中國國籍，以致他們亦不能歸化爲日本籍。對於從未前往中國的絕大多數台灣人而言，其對在台華僑的觀感幾乎就等於是對中國人的印象，而華僑在台灣的社會地位不高，故台灣人大體上不認爲擁有中華民國／中國國籍是件值得追求的事。直到一九四五年日本戰敗、中國成爲戰勝國之一，中國國籍才在現實利益的考量上得到不一樣的評價。

若對所屬國家欠缺情感上的認同，所具有的國籍就僅是「有體無魂」。唯有從休戚與共的實際生活經驗中培育出具有眞實情感的國家共同體意識，並以之作爲基礎的國籍，才有可能讓擁有國籍者對國家滋生忠誠之心，甚至願意爲保有該國籍而承受現實上的不利益。日本帝國統治下台灣殖民地的漢人，雖有相當程度之相對於日本內地／殖民母國的殖民地共同體意識，亦即一般所稱的「台灣人意識」，但其國籍並非「台灣」，而是日本。惟日本帝國之視台灣人如同二等公民，使得台灣人很難打從心裡認同、熱愛日本這個國家，故其對日本國籍仍不免存在著一種功利性的態度。換言之，日治下台灣人與日本國籍的聯繫，是建立在有助於其前往中國發展或獲利，或在台灣至少不會如中國籍者那樣遭到不能擁有土地所有權等等的不利益。

從另一個角度來說，正因爲台灣人尚未本於具有眞實情感的台灣殖民地共同體意識，建立一個現代型國家，[1]進而擁有這個國家的國籍，故無法像擁有「自己的國家」的日本人或發展出現代國際法的西方國家之人那樣，對其國籍存在著「忠誠」這種情感上、精神面的認知。沒有自己的國家的台灣人，如何能有國籍意識呢？

註釋

【1】許雪姬教授在探究謝介石等日治時期前往中國的台灣人的認同問題時，曾表示這些在海外的台灣人或許認同的只有他們的故鄉台灣，但「台灣人卻是一個只有故鄉沒有國家的人」。見許雪姬，〈是勤王還是叛國——「滿洲國」外交部總長謝介石的一生及其認同〉，《中央研究院近代史研究所集刊》第五十七期（二〇〇七年九月），頁一〇四。

引用書目

入江啓四郎
一九三七《中國に於ける外國人の地位》。東京：東京堂書店。
三角生
一九二八〈「法律上蕃人の身分如何を駁す」に答ふ〉，《臺灣警察協會雜誌》一三〇：四八—五六。
小野西州
一九三五〈謝介石大使の紀念放送〉，《語苑》二八（十）：六六—七八。
山霞紫甫
一九四三〈臺灣華僑（六・完）〉，《臺法月報》三七（十一）：六〇—七八。
川島眞
二〇〇四《中国近代外交の形成》。名古屋：名古屋大学出版会。

中央研究院近代史研究所編
一九七二　《清季中日韓關係史料　第八卷》。台北：中央研究院近代史研究所。
中國史學會主編
一九五七　《中國近代史資料叢刊：鴉片戰爭（一）》。上海：上海人民出版社。
木村宏一郎著、陳鵬仁譯
二〇一〇　《被遺忘的戰爭責任：台灣人軍屬在印度洋離島的歷史紀錄》。台北：致良出版社。
不著撰人
一九三九　〈東亞新秩序運動と臺灣華僑〉，《部報》五五：六—一七。
王泰升
二〇〇五　〈「鬱卒」的第一代台灣法律人：林呈祿〉，收於王泰升，《台灣法的世紀變革》。台北：元照出版公司，頁七一—一〇一。
二〇〇六　《台灣企業組織法之初探與省思》，收於王泰升，《台灣法律史之建立》。台北：王泰升，二版，頁二八一—三四三。
二〇〇七　〈清末及民國時代中國與西式法院的初次接觸—以法院制度及其設置爲中心〉，《中研院法學期刊》一：一〇五—一六二。
二〇〇九　〈日治法院檔案的整編與研究〉，收於王泰升主編，《跨界的日治法院檔案研究》。台北：元照出版公司，頁一—三六。

二○一一　〈日治時期高山族原住民族的現代法治初體驗：以關於惡行的制裁爲中心〉，《國立臺灣大學法學論叢》四○（一）：一—九八。

二○一二　《台灣法律史概論》。台北：元照出版公司，四版。

二○一四　《台灣日治時期的法律改革（修訂版）》。台北：聯經出版事業公司。

王詩琅譯

一九八八　《臺灣社會運動史——文化運動》。台北：稻鄉出版社。（譯自：《臺灣總督府警察沿革誌第二編（中卷）》）

王詩琅訪問

一九九一　〈林呈祿先生訪問紀錄〉，收於黃富三、陳俐甫編輯，《近現代臺灣口述歷史》。台北：林本源中華文化教育基金會‧國立台灣大學歷史系，頁二一—四六。

王學新

二○○七　〈日本對華南進政策與台灣籍民之研究（1895-1945）—兼論台灣黑幫籍民的形成與演變—〉。廈門：廈門大學歷史學研究所博士論文。

台北市林森縣文教基金會主編

一九九二　《林子超先生紀念集》。台北：正中書局。

出田虎武

一九一三　〈清國人の入夫に關する件〉，《臺法月報》七（四）：七三—七四。

北洋官報局編

一九〇九　《北洋官報》二〇二七。

外務省外交史料館藏

————　《外務省記録》。東京：外務省外交史料館。

外務省編、荻野富士夫解説

一九九六　《外務省警察史》，第四卷～第九卷。東京：不二出版，復刻版。

一九九九　《外務省警察史》，第二十八卷～第三十六卷。東京：不二出版，復刻版。

二〇〇〇　《外務省警察史》，第三十七卷～第四十五卷。東京：不二出版，復刻版。

二〇〇一　《外務省警察史》，第四十六卷～第五十三卷。東京：不二出版，復刻版。

外務省条約局編

一九九〇　《律令総覧（「外地法制誌」第三部の二）》。東京：文生書院，復刻版。

一九九〇　《日本統治下五十年の台湾（「外地法制誌」第三部の三）》。東京：文生書院，復刻版。
一九九〇　《関東州租借地と南満洲鉄道付属地　前編（「外地法制誌」第六部）》。東京：文生書院，復刻版。
外務省政務局、外務省亞細亞局、外務省東亞局、大東亞省總務局編
二〇〇四　《戦前期中国在留日本人統計》，第三卷～第八卷。東京：不二出版，復刻版。
甘懷眞
二〇〇七　〈導論：重新思考東亞王權與世界觀——以「天下」與「中國」爲關鍵詞〉，收於甘懷眞編，《東亞歷史上的天下與中國觀念》。台北：國立臺灣大學出版中心，頁一—五一。
甘懷眞、貴志俊彥、川島眞編
二〇〇五　《東亞視域中的國籍、移民與認同》。台北：國立臺灣大學出版中心。
向山寬夫著、楊鴻儒、陳蒼杰、沈永嘉譯
一九九九　《日本統治下的台灣民族運動史　下》。台北：福祿壽興業股份有限公司。

安井勝次　一九〇七　〈生蕃人の國法上の地位に就て〉，《臺灣慣習記事》七（一）：一—二七。

行政院文化部建置　——　「臺灣大百科全書（網路資料）」。網址：http://taiwanpedia.culture.tw/web/index。

吳文星　一九九一　《日據時期在臺「華僑」研究》。台北：臺灣學生書局。

吳欣哲　二〇〇四　〈日本殖民主義下的滿洲國法制 1932-1945〉。台北：國立政治大學法律學系碩士論文。

吳密察、吳瑞雲編譯　一九九二　《臺灣民報社論》。台北：稻鄉出版社。

李建良　二〇〇七　〈人民與國家「身分連結」的法制詮要與法理探索：兼論台灣人國籍的起承斷續問題〉《國立臺灣大學法學論叢》三六（四）：一—六〇。

李盈慧
一九九七　《華僑政策與海外民族主義（1912-1949）》。台北：國史館。
李新民
一九八四　《愛國愛鄉——黃朝琴傳》。台北：近代中國出版社。
李学民、黄昆章
一九八七　《印尼华侨史》。广东：广东高等教育出版社。
村上衛
二〇一三　〈晚清時期廈門英籍華人的經濟活動〉，收於謝國興主編，《中央研究院第四屆國際漢學會議論文集：邊區歷史與主體性形塑》。台北：中央研究院，頁三—四四。
谷野格
一九二〇　〈南支に於ける領事裁判と臺灣總督府法院〉，《臺法月報》一四（一）：三—八。
赤松祐之編、外務省假譯
一九三二　《日支紛爭に關する國際聯盟調查委員會の報告》。東京：國際聯盟協會。

姉齒松平
一九三八《本島人ノミニ關スル親族法並相續法ノ大要》。台北：臺法月報發行所。
拓務大臣官房文書課
一九四一《內外地法令對照表》。東京：拓務大臣官房文書課。
東洋協會臺灣支部編輯
一九一〇〈清國勞働者の增加〉，《臺灣時報》一八：四九。
松下芳三郎
一九二六《臺灣阿片志》。台北：臺灣總督府專賣局。
林玉茹、王泰升、曾品滄訪問、吳美慧、吳俊瑩記錄
二〇〇八《代書筆、商人風：百歲人瑞孫江淮先生訪問紀錄》。台北：遠流出版事業股份有限公司。
林友华
二〇一二《林森年譜1868-1943》。北京：中国文史出版社。
林玫君
二〇一一〈首位參加奧運的臺灣選手——張星賢〉，《台灣學通訊》五五：五。

林信旭
二〇〇八　〈林森先生與嘉義地方法院〉，《司法週刊》，一三九五：三。
林滿紅
一九九七　《茶、糖、樟腦業與臺灣之社會經濟變遷（1860-1895）》。台北：聯經出版事業公司。
一九九八　〈「大中華經濟圈」概念之一省思—日治時期台商之島外經貿經驗〉，《中央研究院近代史研究所集刊》二九：四七—一〇一。
一九九九　〈日本政府與台灣籍民的東南亞投資（1895-1945）〉，《中央研究院近代史研究所集刊》三二：一—五六。
松尾弘
一九三七　《臺灣と支那人勞働者（右に關する一つの調查報告書）》。台北：南支南洋經濟研究會，南支南洋研究第二十八號。
長孫無忌
一九八三　《唐律疏義》。台北：臺灣商務印書館，文淵閣四庫全書本。
姜亚沙編輯
二〇〇六　《清末官报汇编》，第三冊。北京：全国图书馆文献缩微复制中心。

姜皇池

二〇〇六《國際公法導論》。台北：新學林出版股份有限公司。

姚雨薌纂，胡仰山增輯

一九五四《大清律例會通新纂》三。台北：文海出版社。

後藤武秀

二〇一〇〈台湾における植民地支配と判例—政策の実現と司法の役割〉，收於笹川紀勝、金勝一、内藤光博編，《日本の植民地支配の実態と過去の清算—東アジアの平和と共生に向けて》。東京：風行社，頁一七五—一八七。

浅川晃広

二〇〇七《近代日本と帰化制度》。広島：溪水社。

洪安全總編輯

一九九九《清宮洋務始末臺灣史料（四）》。台北：國立故宮博物院。

胡先德

一九九七〈台灣人派遣海南島始末〉，收於周婉窈主編，《台籍日本兵座談會記錄并相關資料》。台北：中央研究院台灣史研究所籌備處，頁一七五—一八六。

徐本、三泰等奉敕纂
一九八三　《大清律例》。台北：臺灣商務印書館，文淵閣四庫全書本。

栗原純著、鍾淑敏譯
二〇〇〇　〈台灣籍民與國籍問題〉，收於林金田主編，《臺灣文獻史料整理研究學術研討會論文集》。南投：臺灣省文獻委員會，頁四二三—四五〇。

翁佳音
一九八六　《台灣漢人武裝抗日史研究（一八九五—一九〇二）》。台北：國立臺灣大學文學院。

國史館藏
————　《外交部檔案》。新店：國史館。

國史館臺灣文獻館藏
————　《臺灣總督府公文類纂》。南投：國史館臺灣文獻館。

国立公文書館アジア歴史資料センター建置
————　「JACAR（アジア歴史資料センター）〔網路資料〕」。網址：http://www.jacar.go.jp。

國立臺灣大學圖書館、國立臺灣大學法律學院建置
二〇〇六　「日治法院檔案資料庫〔網路資料〕」。網址：http://tccra.lib.ntu.edu.

tw/tccra_develop/。

張秀哲　一九四七　《「勿忘台灣」落花夢》。台北：東方出版社。

張深切　一九九八　《張深切全集〔卷四〕在廣東發動的台灣革命運動史略‧獄中記》。台北：文經社。

清宮四郎　一九四四　《外地法序説》。東京：有斐閣。

許雪姬　一九九一　〈臺灣中華總會館成立前的「臺灣華僑」，1895-1927〉，《中央研究院近代史研究所集刊》二〇：九九—一二九。

一九九三　〈臺灣中華總會館與日據時期的臺灣華僑（一九二七—一九三七）〉，《史聯雜誌》二二：六七—九四。

一九九七　〈日治時期的「臺灣華僑」（1937-1945）〉，收於張炎憲主編，《中國海洋發展史論文集（第六輯）》。台北：中央研究院中山人文社會科學研究所，頁四九九—五四九。

一九九七　〈戰後初期原「臺灣華僑（1945-1947）〉，收於黃富三、古偉瀛、蔡采秀主編，《臺灣史研究一百年：回顧與研究》。台北：中央研究院臺灣史研究所籌備處，頁一〇一—一二四。

二〇〇四　〈日治時期臺灣人的海外活動——在「滿洲」的臺灣醫生〉，《臺灣史研究》一一（二）：一—七五。

二〇〇七　〈是勤王還是叛國——「滿洲國」外交部總長謝介石的一生及其認同〉，《中央研究院近代史研究所集刊》五七：五七—一一七。

二〇〇八　〈一九三七至一九四七年在北京的台灣人〉，《長庚人文社會學報》一（一）：三三—八四。

二〇一二　〈在「滿洲國」的臺灣人高等官：以大同學院的畢業生爲例〉，《臺灣史研究》一九（三）：九五—一五〇。

許雪姬總策畫

二〇〇四　《臺灣歷史辭典》。台北：行政院文化建設委員會。

許雪姬訪問、許雪姬等紀錄

二〇〇二　《日治時期在「滿洲」的台灣人》。台北：中央研究院近代史研究所。

許雪姬訪問、曾金蘭紀錄

一九九五　《藍敏先生訪問紀錄》。台北：中央研究院近代史研究所。

陳姃湲
二〇一〇〈在殖民地臺灣社會夾縫中的朝鮮人娼妓業〉，《臺灣史研究》一七（三）：一〇七—一四九。
二〇一二〈放眼帝國、伺機而動：在朝鮮學醫的臺灣人〉，《臺灣史研究》一九（一）：八七—一四〇。
陳長文、林超駿
二〇〇六〈論人民返國入境權利之應然及其與平等權、國籍等問題之關係—以釋字第五五八號解釋為中心〉，《政大法學評論》九二：一二一—二一七。
陳昭如
二〇〇六〈性別與國民身分—台灣女性主義法律史的考察〉，《國立臺灣大學法學論叢》三五（四）：一—一〇三。
陳惠馨
二〇〇五〈從規範概念史的角度談中國傳統法律中「國籍」、「化外人」、「外國人」觀念的變遷〉，收於甘懷真、貴志俊彥、川島真編，《東亞視域中的國籍、移民與認同》。台北：國立臺灣大學出版中心，頁一—一五。

彭思齊
二〇〇九〈晚清閩省英籍華民管轄權交涉（1842-1911）〉。台北：國立政治大學歷史學系碩士論文。

黃呈聰
一九二二〈支那渡航旅券制度の廢止を望む〉，《臺灣》三（九）：一九－二九。

黃昭堂著、黃英哲譯
一九八九《台灣總督府》。台北：自由時代出版社。

黃朝琴
一九八九《我的回憶》。台北：龍文出版社。

園部敏
一九四三《行政法概論—特に臺灣行政法規を顧慮して—》。台北：臺灣出版文化株式會社，改訂版。

楊永彬
一九九六〈台灣紳商與早期日本殖民政權的關係—1895年—1905年〉。台北：國立臺灣大學歷史學研究所碩士論文。

楊鴻烈
一九三〇《中國法律發達史》，上海：商務印書館。
彰化廳庶務課編輯
一九〇七《彰化廳報》五八六：一四五—一四六。
臺灣日日新報社編輯
一九〇五～一九四〇《臺灣日日新報》、《漢文臺灣日日新報》。台北：臺灣日日新報社。
臺灣史料集成編輯委員會編
二〇〇九《明清臺灣檔案彙編　第伍輯　第一〇四冊》。台南：國立臺灣歷史博物館。
臺灣民報社編輯
一九二五《臺灣民報》六五。
臺灣新報社編輯
一八九七《臺灣新報》一九七：二、二二四：二、二二七：二、二三〇：二。
臺灣總督府
一八九九《臺灣總督府報》五五二：一〇—一一、五六一：四三—四四、五六二：四八—四九。

一九〇四《府報》一五九九：三二—三三。

一九一八《府報》一四九〇：三六。

一九四五《臺灣統治概要》。台北：臺灣總督府。

臺灣總督府外事部

一九四三《支那事變大東亞戰爭ニ伴フ對南方施策狀況（改訂版）》。台北：臺灣總督府外事部。

臺灣總督府民政部

一九〇一《（明治三十一年度分）臺灣總督府民政事務成蹟提要》，第四篇。台北：臺灣總督府民政部文書課。

臺灣總督府民政部警察本署

一九一七《臺灣ト南支那トノ關係及現在ノ施設竝將來ノ方針》。台北：臺灣總督府民政部警察本署。

臺灣總督府警務局編

一九三八《臺灣總督府警察沿革誌第二編：領臺以後の治安狀況（上卷）》。台北：臺灣總督府警務局。

謝東閔口述

一九八八《歸返：我家和我的故事》。台北：聯經出版事業公司。

鍾淑敏　二〇〇四　〈日治時期台灣人在廈門的活動及其相關問題（1895-1938）〉，收於走向近代編輯小組編，《走向近代：國史發展與區域動向》。台北：臺灣東華書局，頁三九九—四五二。

二〇〇五　〈臺灣籍民與臺灣華僑〉，收於甘懷真、貴志俊彥、川島真編，《東亞視域中的國籍、移民與認同》。台北：國立臺灣大學出版中心，頁一八一—一九一。

鶴見祐輔　一九六五　《後藤新平　第二卷》。東京：勁草書房。

索引

一、事項、法規等

二、人名

國家圖書館出版品預行編目資料

台灣人的國籍初體驗──日治台灣與中國跨界人的流動及其法律生活／王泰升，阿部由理香，吳俊瑩 著. ──初版. ──臺北市：五南, 2015.08
面； 公分
ISBN 978-957-11-8005-2（精裝）
1.國籍法 2.臺灣
572.21 104001000

1QL1

台灣人的國籍初體驗

日治台灣與中國跨界人的流動及其法律生活

作　　者 ─ 王泰升（15.4）　阿部由理香　吳俊瑩
發 行 人 ─ 楊榮川
總 編 輯 ─ 王翠華
主　　編 ─ 劉靜芬
責任編輯 ─ 張婉婷、吳肇恩
封面設計 ─ P. Design視覺企劃
出 版 者 ─ 五南圖書出版股份有限公司
地　　址：106台北市大安區和平東路二段339號4樓
電　　話：(02)2705-5066　傳　真：(02)2706-6100
網　　址：http://www.wunan.com.tw
電子郵件：wunan@wunan.com.tw
劃撥帳號：01068953
戶　　名：五南圖書出版股份有限公司

法律顧問　林勝安律師事務所　林勝安律師

出版日期　2015年8月初版一刷
　　　　　2016年9月初版二刷
定　　價　新臺幣420元